U0348662

沟通之道

EXPERT OF COMMUNICATION

刘霄云 ◎著

机械工业出版社
CHINA MACHINE PRESS

图书在版编目（CIP）数据

沟通之道 / 刘霄云著 . -- 北京：机械工业出版社，
2025.3. -- ISBN 978-7-111-77769-4

Ⅰ. C912.11-49

中国国家版本馆 CIP 数据核字第 2025WD8842 号

机械工业出版社（北京市百万庄大街 22 号　邮政编码 100037）
策划编辑：华　蕾　　　　　　　　　　责任编辑：华　蕾　白　婕
责任校对：马荣华　李可意　景　飞　　责任印制：常天培
北京科信印刷有限公司印刷
2025 年 3 月第 1 版第 1 次印刷
130mm×185mm·7.125 印张·2 插页·98 千字
标准书号：ISBN 978-7-111-77769-4
定价：59.00 元

电话服务　　　　　　　　　　网络服务

客服电话：010-88361066　　机 工 官 网：www.cmpbook.com
　　　　　010-88379833　　机 工 官 博：weibo.com/cmp1952
　　　　　010-68326294　　金 书 网：www.golden-book.com
封底无防伪标均为盗版　　机工教育服务网：www.cmpedu.com

你好，我的读者，感谢你翻开这本书，选择在繁忙的生活中给予自己一次成长的机会。《沟通之道》不仅是一本书，更是一份指南、一把钥匙，帮助你解锁职场中那些看似复杂，实则有理可循的沟通谜题。

首先，我想聊聊关于沟通的四点认知。

领导力的核心：从技能到影响力

美国学者罗伯特·卡茨认为，领导者有三项必备技能——技术性技能、人际关系技能与概念性技能。这三项技能如同稳固的三角形，支撑着领导力。哪项技能对高层领导最为关键？答案或许会让你有些意外。调研结果显示，随着职位的升高，人际关系技能和概念性技能的重要性愈加凸显。这意味着，无论你的技术多么精湛，若想在职场中更上一层楼，提升你的表达能力和深度思考能力才是关键。毕竟，高手间的较量，往往就是看谁能更精准地传达思想，谁更擅长用智慧引领团队前行。

内向者的力量：静水流深

我们常被一种刻板印象所束缚，认为只有外向者才能在沟通中游刃有余。然而，事实并非如此绝对。内向者的沉稳、细腻，往往能在关键时刻展现出独特的魅力。内向并不意味着沟通障碍，而是另一种形式的沟通智慧。学会倾听，适时发言，内向者同样能成为沟通的高手，用自己的深度思考，赢得他人的尊重与信任。

真诚沟通：信任的基石

真正的沟通高手，不是那些油嘴滑舌、八面玲珑的人，而是那些能够真诚以待，让人感到可靠和可以信任的人。想象一下，当你面对两个有意向的合作者，一个满口漂亮话，却让人难以捉摸；另一个直截了当，目标清晰，你会如何选择？答案不言而喻。因此，无论是内向还是外向，真诚才是沟通的王道。

沟通的艺术：从本能到专业

沟通虽是我们与生俱来的能力，但要达到精通，却需要经过刻意的练习。正如跑步虽人人都会，但要成为长跑健将，非得经过专业训练不可。沟通亦是如此，它需要我们不断学习、实践，掌握一定的"框架"和技巧，这样才能在职场中游刃有余，事半功倍。

接下来，再来和你说说本书的三个使用说明。

灵活查阅，按需所取

这本书就像一本沟通的"百科全书"，你不必拘泥于从头到尾按顺序阅读。无论是"向上沟通"的挑战，还是"平级沟通"的微妙方式，抑或是"向下沟通"的领导艺术，乃至"会议发言"和"沟通进阶"

的自信展现等，你只需根据自己的实际需要，直接跳转到相应章节寻找答案。

随身携带，随时助力

建议你将这本书放在触手可及的地方，无论是办公室的桌角，还是家中的书架。每当遇到沟通难题，比如如何恰到好处地向领导争取资源，或是如何妥善地报告工作中的失误，抑或是如何得体地拒绝不合理的要求，你都能迅速找到答案，让这本书成为你的锦囊。

深度理解，学以致用

在大部分章节中，我都精心设计了"痛点问题＋沟通策略＋场景应用＋心理学原理（或相关知识）"的结构，旨在帮助你全方位理解并掌握沟通策略。初次阅读时，不妨先跟随我的思路，理解策略的应用，看看实战场景，再探究其背后的心理学原理或其他相关知识。随后，再回溯沟通策略，将你自己的实际情况代入，反复练习，直到这些策略成为你沟通时下意识的反应。记住，刻意练习，熟能生巧，你将发现自己在沟通上的蜕变。

好了，亲爱的读者，现在，就让我们携手踏上这段充满挑战与收获的阅读之旅吧。愿《沟通之道》成为你职场征途上的得力助手，助你披荆斩棘、成就非凡。

刘霄云

2024 年 9 月于北京

目录 CONTENTS

第
一
章

向上沟通

在职场中，向上沟通是一门必修课。它不仅关乎个人职业发展的成败，更是团队协作顺畅、工作效率提升的关键。受重用的员工往往深谙向上沟通之道，他们明白勤汇报、会汇报的重要性，懂得如何通过有效沟通赢得领导的信任与支持。

认识到向上沟通中汇报的重要性是至关重要的。这里可以用"二八法则"来解释：虽然汇报只占我们工作时间的 20%，但汇报内容是我们 80% 的工作时间里的工作成果。一个清晰的汇报不仅能让领导全面了解我们的工作进展，更能展现我们的专业能力和工作态度。想象一下，如果我们能像外卖平台展示送餐进程那样实时更新工作进度，领导自然会对我们的工作放心，将我们视为他的好帮手。

然而，许多人在向上沟通时常常陷入误区。他们可能认为工作开始前无须汇报，进行中只需埋头苦干，结束时再一次性汇报结果即可。这种被动沟通的方式往往会导致信息不畅、误解频发，甚至错失良机。为了避免这种情况，我们需要转变思维，学会主动、及时地向领导汇报工作。比如，工作开始前，我们可以汇报计划；进行中，我们可以定期更新进度；结束时，我们则可以总结成果并提出改进建议等。汇报，是与领导沟通的好机会，也是获得领导信任的基础。

总之，向上沟通是职场中不可或缺的一环。通过学习向上沟通的策略，并了解每一种沟通策略所依托的心理学原理，我们能够更好地与领导沟通协作，赢得他的信任与支持。

怎样做出让领导满意的汇报

场景一：工作汇报，如何清晰、有逻辑

工作汇报不仅是对工作成果的展示，更是与领导沟通、建立信任的重要环节。一个清晰、有逻辑的工作汇报，能够让领导全面了解我们的工作进展和成果，展现我们的专业能力和工作态度。下面，我们将探讨如何构建这样一个令人满意的汇报。

沟通策略

我们可以借鉴金字塔原理来组织沟通策略（见图 1-1）。

图 1-1 工作汇报的沟通策略

- 总结概括（塔尖）：先对汇报内容进行总结概括，明确汇报的中心思想或主要结论。这个总结概括应该简洁明了，能够迅速吸引领导的注意力，并为接下来的内容确定基调。

- 关键论点（塔身）：将汇报内容分解成若干个关键论点。这些关键论点应该围绕总结概括展开，相互独立且全面。每个关键论点都应该具有明确的逻辑性和条理性，能够支撑总结概括。关键论点可以按照工作的重要性、时间顺序或逻辑关系进行排序，以确保汇报的条理性。

- **事实依据与细节（塔基）：** 在每个关键论点下，提供具体的事实依据和细节来支撑我们的论点。这些事实依据和细节应该详细、准确，能够让领导深入了解我们的工作过程和成果，可以使用数据、图表、案例等工具来增强事实依据的说服力，使汇报更加生动、直观。

场景应用

你是一名项目经理，负责推进一项关键项目。在向领导汇报时，你可以这样表达：

领导，我来向您汇报我们项目的最新进展。

首先，总体来说，我们项目在过去的一个月里取得了显著的进展。目前，我们已经完成项目的需求分析和设计工作，并开启核心功能的开发工作。预计在未来两个月内，我们将完成核心功能的开发并进行测试验证。（总结概括）

接下来，我想从以下三个方面详细介绍我们的工作进展。

第一，需求分析。我们与客户进行了深入的沟通和讨论，明确了项目的需求和目标。通过市场调研和竞品分析，我们制定了详细的需求规格说明书，为项目的开发工作提供了明确的指导。（关键论点一）

第二，设计工作。我们根据需求规格说明书进行了详细的系统设计。在设计过程中，我们注重系统的可扩展性和可维护性，以确保系统能够满足未来的业务发展需求。同时，我们团队成员之间进行了充分的沟通和协作，确保设计的合理性和可行性。（关键论点二）

第三，开发工作。我们按照设计文档进行核心功能的开发工作。在开发过程中，我们遇到了一些技术难题和人员变动等挑战，但是通过团队的共同努力和专家的指导，我们已经成功克服这些困难，并确保开发工作顺利进行。（关键论点三）

以上三个方面涉及的相关资料，我已用邮件发送给您，包括需求规格说明书、设计文档、团队成员的评审意见，以及开发进度表和解决技术难题的案例分析。（事实依据与细节）

以上就是我的汇报内容，请您批评指正。

认知负荷理论与金字塔原理

根据认知负荷理论，人的认知资源是有限的，这主要表现在工作记忆上。当面临大量信息时，人们会感到认知负荷过重，从而影响信息的处理和理解。而金字塔原理通过构建清晰的逻辑结构和层次分明的信息组织方式，能够有效地减轻认知负荷，使人们在处理信息时更加高效和准确。

此外，在工作汇报中运用金字塔原理，我们能够将复杂的信息进行归纳整理，形成条理清晰、重点突出的结构体系。这种结构体系不仅有助于领导快速了解汇报的核心内容，还能够引导他们逐步深入思考和评估我们的工作成果。因此，金字塔原理为我们提供了有效的策略来构建令人满意的汇报：通过减轻认知负荷、提高信息处理效率来赢得领导的认可和支持（见图 1-2）。

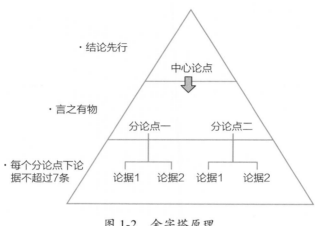

· 结论先行

中心论点

· 言之有物

分论点一　　　分论点二

· 每个分论点下论
据不超过7条

论据1　论据2　论据1　论据2

图 1-2　金字塔原理

场景二：日常汇报，如何增强领导对我们的信任

在日常工作中，向领导汇报项目的进展情况至关重要。这不仅能让领导了解我们的工作动态，还能体现我们的专业能力和责任心。然而，要做到既全面又有效地汇报，让领导满意，进而增强领导对我们的信任，确实需要一些技巧和策略。

沟通策略

在日常汇报中，为增强领导对我们的信任，我们可以遵循以下沟通策略（见图 1-3）。

图 1-3　日常汇报的沟通策略

- **进展总结**：清晰地概述当前项目的进展情况，包括已完成的工作内容、达到的关键节点以及取得的成果，让领导对项目的整体进展有一个准确的了解。例如，可以这样说："领导，上周您给我布置的任务，我正在推进，目前已经推进到您要求的第一个节点了。"

- **困难解决**：坦诚地指出推进项目过程中遇到的困难和挑战，以及我们克服这些困难和挑战的具体措施。这不仅能让领导感受到我们的诚实和努力，还能体现我们解决问题的能力。例如，可以这样说："领导，这个项目推进起来有点费劲，过程中遇到了这些困难，不过我已经解决掉了。"

- **复盘标准**：对已完成的工作进行复盘，总结经验教训，并提出改进建议的同时，可以针对类似项目提出一套标准化的操作流程或规范，以提升未来工作的效率和质量。例如，可以这样说："领导，我做了个小小的复盘，我觉得咱们之后的类似项目可以按照这五个标准去做，请您看一下我整理的文档。"

场景应用

你是一名项目经理，负责推进一项重要的软件开发项目。在向领导汇报时，你可以这样表达：

领导，我来向您汇报我负责的软件开发项目的最新动态：目前完成了项目需求的分析和设计，已经着手开展核心功能的开发工作，整个项目正在一步步推进中。（进展总结）

在干活儿的过程中，我们确实碰到了一些技术难题，比如三大功能的实现方式、性能优化等。不过，团队里大家都没闲着，一起想办法、找资料，再加上专家的指点，我们最终还是把这些难题给解决了。（困难解决）

为了让项目后续进展得更加顺利，我还对已经完成的工作进行了回顾。结果发现，在项目管理和团队协作上，还有一些可以做得更好的地方。因此，我建议咱们可以制定一套标准化的流程和规范，这样大家以后工作起来就有章可循了。

我已经整理出一份操作流程文档，里面详细列出了需求分析、设计、开发、测试等各个环节的具体要求和步骤。就像是咱们平时用的工作手册一样，按照上面的步骤来操作，能够助力项目顺利进行。

领导，您有空的时候，还想请您帮忙看看这份操作流程文档，给提提意见。希望在您的指导下，我们能把这个项目做得更加出色。（复盘标准）

曝光效应与前瞻性思维

我们持续、稳定地推进项目，并按时向领导汇报进展，这实际上是在利用"曝光效应"。因为人都偏向于自己熟悉的事物，所以这种频繁的、积极的互动能够让领导对我们更加熟悉，进而更可能产生好感，增强信任。领导会认为我们是负责任、值得信赖的团队成员，从而更愿意托付给我们重要的任务。

另外，在复盘标准和提出改进建议时，我们展现的是对未来工作的规划和思考。这种"前瞻性思维"不仅能让领导看到我们的长远眼光和潜力，而且能够让他更加认可我们的能力和价值，进一步增强信任。

接到任务，如何回应更能成事

在日常工作中，我们经常会接到来自领导的任务指派。仅仅简单地回应"好的"或"没问题"，可能并不能表现出顺利完成任务的信心。一个更加周到和深入的回应，不仅有助于我们更好地表达自己对任务要求的理解，还能展现出我们的专业能力和责任心，从而更有可能赢得领导的支持。

沟通策略

在接到新任务时，我们可以采用以下沟通策略来准确把握任务要求并赢得领导的支持（见图1-4）。

图 1-4　接到任务的沟通策略

- **概述理解**：根据自己的初步理解，概述任务的主要内容和目标。这一步骤的目的是确保自己对任务有清晰的认识，并为后续的沟通和执行奠定基础。

- **确认关键点**：在概述理解的基础上，进一步从任务中提取出关键点，如时间限制、性能指标、关键成果等。这些关键点是任务执行过程中的重要参考和依据。向领导确认自己对这些关键点的理解是否无误，可以确保团队的工作方向与领导的期望和要求保持一致，避免在执行过程中出现偏差或遗漏。

- **制订计划**：基于已确认的关键点，构思一个详细的执行方案。这个方案应该包括各阶段的时间安排、所需资源、责任人分配以及预期成果等。制订计划时，要充分考虑任务的复杂性和不确定性，预留一定的缓冲时间和资源，以应对可能出现的风险和挑战。同时，计划应具有可操作性和可衡量性，以便在执行过程中进行监测和评估。

- 请求反馈：主动邀请领导对计划进行审阅，并提出宝贵意见。这一步骤是沟通策略中的关键环节，通过领导的反馈，我们可以及时发现计划中的不足和漏洞，并进行相应的调整和优化。请求反馈不仅可以体现对领导的尊重和信任，还有助于增强团队与领导之间的沟通和协作。

场景应用

你是一名项目经理，领导突然交给你一项任务：负责推进一个新产品的市场推广活动。你可以这样回应领导：

领导，关于您交给我的新产品市场推广任务，我初步理解我们的目标是提高新产品的市场知名度和销量，对吗？（概述理解）

另外，为了强化我对整体目标的理解，还想跟您进一步确认一下您对这个任务的具体要求。（确认关键点）

　　我计划从以下几个方面入手，以保证活动的顺利进行：首先，进行市场调研，了解目标用户的需求和偏好；其次，制定有针对性的推广策略，包括线上和线下的广告投放、合作伙伴拓展等；最后，实施具体的推广活动，并监测活动效果，及时调整策略。在这个过程中，我需要协调市场、销售、产品等多个部门，获得更多的活动支持。（制订计划）

　　以上关于我的理解和执行计划，请您给予指导和建议。（请求反馈）

　　反馈循环

　　这种沟通方式背后的心理学效应主要是"反馈循环"（见图1-5）。反馈循环是一个动态的过程，通过不断的信息交流和确认，确保双方对任务的理解和执行保持一致。在接到任务，回应领导时，我们先概述自己的理解，并通过确认关键点、提出计划并请求反馈，建立起一个有效的反馈循环。这种循环不仅有助于减少误解和偏差，还能增强领导对我们的信任和满意度。通过不断的交流和确认，我们能够更好地理解领导的期望和要求，同时也能让领导感受到我们的责任感和主动性，从而促进双方的合作，增强信任。

图 1-5　反馈循环

遇到难处，如何跟领导要资源

场景一：接手新项目，需要额外的支持

在项目管理中，资源的分配是至关重要的。当我们接手一个新项目时，为了确保项目能够顺利进行并高质量完成，可能需要向领导争取额外的支持。这些支持包括人力、物力、财力等方面的资源倾斜，或者是放宽时间要求。如何有效地利用沟通，让领导理解我们的需求并给予支持，是一项关键的技能。

沟通策略

在接手新项目并面临资源短缺时，为了有效争取领导的额外支持，我们可以遵循以下沟通策略（见图 1-6）。

图 1-6 接手新项目的沟通策略

- 明确挑战：向领导清晰、具体地阐述新项目
  的挑战性和复杂性。这包括项目的规模、技
  术难度、时间紧迫性等方面，以及仅凭现有
  资源为何无法应对这些挑战。通过详细的分
  析和说明，让领导深刻理解项目所面临的困
  境，为后续的资源争取打下坚实的基础。

- 阐述需求：在明确挑战的基础上，具体说明
  项目所需的额外资源。这些资源可能包括专
  业人员、先进设备、充足预算或额外时间等。
  同时，详细解释这些资源将如何助力项目顺
  利进行，如何提升工作效率和质量。通过有
  理有据的阐述，让领导看到资源投入的必要
  性和价值。

- 强调重要性：进一步强调这些额外资源对于
  项目成功的重要性。阐述缺乏这些资源可能
  带来的风险，如项目延期、质量下降、成本

增加等。同时，也可以提及获得这些资源对于团队士气、公司声誉以及未来业务拓展的积极影响。通过全面而深入的剖析，让领导充分认识到资源投入的重要性和紧迫性。

- 展望成果：向领导展示如果获得这些资源，项目能够取得的预期成果和效益。这包括项目成功带来的业务增长、市场份额提升、客户满意度提高等方面。同时，也可以提及这些成果对于公司长期发展战略的支撑作用。通过生动而具体的展望，让领导看到资源投入后的美好前景，从而更加愿意给予支持。

场景应用

你是一家科技公司的项目经理，最近接手了一个开发新型智能穿戴设备的项目。经过初步评估，你发现团队现有的人力和技术资源无法满足项目的需求。于是，你决定向领导申请额外的支持。可以这样与领导沟通：

领导，我想跟您聊聊最近接手的那个新型智能穿戴设备项目的情况。这个项目对公司来说，真的是个不错的机会，但面临的挑战也挺大的。

首先，技术难度不小，咱们得搞定一些前沿的技术问题，比如设备的小型化、续航能力的提升，还有用户数据的精准分析等。再者，市场对这类产品的期望也挺高，大家都盼着能有更智能、更便捷的体验。所以，咱们得直面技术问题并尽可能满足用户的需求。

我初步评估了一下，以咱们团队现有的人力和技术资源，完成项目可能有点吃力。具体来说，在软件开发方面，咱们现有的工程师虽然都挺能干，但面对这么复杂的技术挑战，还是显得有些力不从心，特别是某些关键技术的攻关，需要更有经验的工程师来牵头。另外，咱们现有的测试设备也有点落后了，难以满足新型智能穿戴设备的测试需求，这可能会影响到产品的质量。（明确挑战）

因此，我希望能够增加两名有丰富经验的软件开发工程师，他们能够在技术攻关和代码优化方面给咱们提供更大的支持。同时，我也想购买一套先进的测

试设备，这样咱们就能更准确地评估产品的性能和稳定性，确保产品质量。（阐述需求）

有了这些支持，我们就更有信心应对项目的开发问题，也有机会抢占市场先机。（强调重要性）

我相信，只要我们能得到这些支持，项目肯定能够顺利推进，并最终取得成功。这不仅能给公司带来可观的收益，还能提升咱们在智能穿戴设备领域的竞争力和品牌影响力。领导，您觉得这个方案怎么样？（展望成果）

权威效应

心理学中的"权威效应"揭示了人们在面对权威时的一种普遍心理倾向，即更容易接受和认同权威人士的意见和建议。这一效应在多个领域中都有所体现，尤其在组织内部上下级沟通时更为显著。在向领导申请资源的过程中，巧妙地利用权威效应可以大大提高申请的成功率。

具体来说，当你需要向公司领导申请额外资

源支持时，除了清晰地阐述项目的重要性、紧迫性以及所需资源的具体类型和数量外，还可以通过引用行业报告、专家意见或成功案例来为你的请求提供有力支撑。这些权威性的资料不仅能够展示出你对项目的深入了解和充分准备，还能在一定程度上增强领导对你的信任感。

例如，你可以提及某权威机构发布的最新行业报告，该报告预测了你所负责的项目领域的巨大发展潜力，并强调了相关资源投入的重要性。或者，你可以引用某位行业内知名专家的观点，该专家认为类似项目成功的关键在于充足的资源支持。此外，分享一些与你所负责的项目相似且取得成功的案例也是很有帮助的，这些案例能够直观地展示资源投入与项目成果之间的正相关关系。

场景二：项目途遇困难，寻求领导支持

在项目管理过程中，难免会遇到预料之外的困难

和挑战。当项目进展受到阻碍、无法按照原定计划推进时，及时向领导申请支持就显得至关重要。这不仅能够帮助团队走出当前困境，还能确保项目最终顺利完成。

沟通策略

在项目推进途中遇到困难并需要向领导申请支持时，我们可以遵循以下沟通策略（见图1-7）。

图 1-7 项目推进途中遇到困难的沟通策略

- 阐述困难：向领导详细介绍项目的当前进展，包括已完成的任务、所处阶段以及取得的成果。在此基础上，明确指出遇到的具体困难，如技术难题、资源短缺、外部环境变化等。通过清晰、具体的描述，让领导对项目现状有全面而准确的了解，为后续申请支持奠定基础。

- 揭示影响：深入剖析这些困难对项目进度、

质量、成本以及团队士气等方面可能产生的负面影响。阐述如果不及时解决这些困难，将导致项目延期、质量下降、成本超支以及团队士气低落等严重后果。通过揭示困难的严重性和紧迫性，引起领导的高度重视和关注。

- 提出需求：在明确困难及其影响后，阐述为解决当前困难需要哪些支持，这些支持可能包括人力、物力、财力或技术等方面的援助。同时，详细解释这些支持将如何帮助项目摆脱困境，如提升工作效率、改善工作质量、降低成本以及提振团队士气等。通过有理有据的阐述，让领导看到给予支持的必要性和价值。

- 预期效果：向领导展示如果得到这些支持，项目将能够克服困难，继续顺利推进，并最终实现预期的目标和效益。这包括项目成功后的业务增长、市场份额提升、客户满意度提高以及团队凝聚力增强等方面。通过对效

果进行预期，让领导看到项目得到支持后的
美好前景，从而更加愿意给予支持。

场景应用

你负责一个重要的软件开发项目，但在开发过程
中遇到了一个难以解决的技术难题。经过团队多次尝
试，仍未找到有效的解决方案。这时，你决定向领导
申请技术支持。你可以这样向领导提出申请：

领导，我跟您反映一下我们软件开发项目现在碰
到的一个难题。

事情是这样的，咱们项目里有个核心功能模块，
现在性能优化上遇到了麻烦。团队里的小伙伴们已经
试了好多方法了，比如优化算法、调整系统架构等，
但性能瓶颈还是在那儿，没怎么改善。（阐述困难）

这个问题要是拖下去，对项目的影响可不小。进
度会受影响，质量也可能打折扣，到时候客户不满
意，咱们可就被动了。（揭示影响）

所以，能不能请公司里的技术专家们给我们项目
团队支支招？（提出需求）

有他们帮忙的话，我相信这个技术难题可以被攻克，项目能更顺利地被推进，按时交付也不成问题。这对咱们公司的业务发展来说，也是个好事。(预期效果）

登门槛效应

"登门槛效应"又称"得寸进尺效应"，是指一旦接受了他人的一个小请求，为了避免认知上的不协调，或想给他人以前后一致的印象，就有可能接受更大的请求（见图1-8）。在向领导申请支持时，我们可以巧妙地运用登门槛效应。

图1-8 登门槛效应

我们可以先提出一个相对较小的、更容易被

领导接受的支持请求。例如，请求领导安排一次团队与技术专家的交流会，以便团队能够更深入地了解问题并探讨解决方案。一旦领导同意了这个小请求，我们再逐步提出更大的支持请求，如请求增加技术资源或预算等。

通过逐步提出请求的方式，我们可以减轻领导的抵触心理，提高申请支持的成功率。同时，这也能展示出我们对项目的深入了解和积极寻求解决方案的态度，提升领导对我们的认可度。

场景三：遭遇突发状况，急需援助

在工作中，我们难免会遇到一些突发状况，如设备故障、人员变动或市场需求变化等。这些变化可能导致我们原有的计划和资源分配无法满足当前的需求。在这种情况下，我们需要及时向领导汇报并请求援助，以确保工作的正常进行。

沟通策略

在遭遇突发状况并急需援助时，我们可以采用以下沟通策略（见图 1-9）。

图 1-9　遭遇突发状况的沟通策略

- 描述情况：先要向领导清晰地描述突发状况及其发生原因，注意确保信息真实，以便对方迅速把握全局。

- 说明影响：深入分析此次突发事件可能会对项目进度、产品质量或者客户满意度等方面带来哪些潜在的不良后果，可以用具体数据或实例加以支撑，增强论述的说服力。

- 提出紧急需求：直接而具体地提出为应对当前困境所必需的额外资源，包括但不限于人力资源、物资供应或资金支持，并详细阐述这些资源如何能够直接作用于问题解决，恢复或优化现状。

- 强调时效性：着重强调当前请求的紧迫性，通过展示延迟响应可能导致的严重后果，如成本增加、机会丧失或信誉损害等，来强化领导对迅速行动必要性的认识，促使对方尽快做出积极回应。

场景应用

你是一家制造企业的生产经理，负责监督生产线的正常运行。然而，今天发生了突发状况——主要生产设备出现了故障，导致整个生产线停滞。你意识到这个情况的严重性，决定立即向领导汇报并请求援助，以确保生产能够尽快恢复。你可以这样说：

领导，实在不好意思打扰您，但是现在我们团队真的遇到了火烧眉毛的紧急情况，迫不得已需要请您支援。

是这么回事，咱们的主要生产设备刚才突然间坏了，整条生产线现在一动不动，情况非常不妙。(描述情况)

您也知道，这批货可是客户等着要的关键产品，交货期卡得死死的。这一停滞，不仅交货要延期，客户满意度肯定也会大幅下降，公司的信誉和口碑都会受到严重影响。而且，每耽误一天，公司的财物损失都是实打实的，成本会不断增加，这可真是让人心急如焚啊！（说明影响）

为了避免这种情况发生，我已经联系了维修人员，但他们过来和修好设备都需要时间。所以，我想请您帮两个大忙：一是立刻协调些人手，临时帮我们手工生产一些，能挽回一点是一点；二是批准我买些备用设备，以防万一，以后要是再出这种事，咱们也能迅速应对。（提出紧急需求）

这事儿真的是刻不容缓，咱们得争分夺秒。希望您能尽快给出指示，让我们能迅速应对这个突发状况，尽量把损失降到最低。（强调时效性）

危机感

在紧急情况下，"危机感"可以被有效地利用，特别是在向领导请求紧急援助的场合。危机感使人们在面临危机时会产生紧迫感和应对动力，这种心理机制能够促使个体和团队更快地做出反应。

当主要生产设备出现故障，导致生产线停滞的紧急状况发生时，作为生产经理，你可以利用危机感来增强你的请求的影响力，在向领导清晰描述设备故障这一突发状况的同时，强调其对生产计划和交货期的潜在负面影响，以此来制造一种紧迫感。

通过描述公司可能面临的潜在的负面后果，如交货延期、客户满意度下降和财物损失等，你能够增强领导的危机感，从而促使他更快地做出决策，提供所需的紧急援助。

发现问题，如何向领导提建议

在工作中，我们经常会遇到各种问题，有些问题可能会影响到工作效率、团队协作甚至是公司的长远发展。当我们发现问题时，及时向领导提出建议，不仅能够帮助公司改进和完善运营，还能体现我们的责任感和主动性。然而，有效地向领导提出问题并给出建议，需要技巧和策略。

沟通策略

在发现问题并向领导提建议时，我们可以遵循以下沟通策略（见图1-10）。

图 1-10　发现问题并提出建议的沟通策略

- 明确问题：向领导清晰、准确地阐述所发现的问题，确保领导能够迅速把握问题的核心与严重性。描述问题时，应包含问题的具体表现、发现问题的背景以及问题对项目或团队可能造成的影响。通过这样全面而细致的介绍，为后续的沟通与讨论奠定坚实的基础。

- 分析原因：对问题进行深入分析，找出问题的根源和可能的影响因素，这有助于领导更全面地了解问题，同时可以展现我们的专业能力和对问题的透彻理解，增强领导对我们能力的信赖。

- 提出建议：在明确问题及原因后，提出一系列具体、可行的建议和解决方案，并详细阐述这些建议如何能够直接针对问题，以及可能带来的积极效果，让领导看到建议的实用性和价值所在。

- 阐述效益：向领导全面展示实施这些建议后可能带来的长远效益，包括工作效率的提升、成本的降低、收益的增加、客户满意度的提高以及团队凝聚力的加强等。通过提供具体的数据分析，描绘出实施建议后的美好图景，以增强领导采纳建议的意愿。同时，强调这些效益对组织和领导个人的重要性，激发领导的支持和行动。

场景应用

你是一名市场营销专员，在分析销售数据时，发现某个产品的销售量在最近一个月内持续下滑。经过进一步调查分析，你认为需要调整市场营销策略。于是，你决定向领导提出建议。你可以这样向领导表述：

领导，有个情况想向您反应：咱们 A 产品在最近一个月销量下滑近 20%，我猜测是与市场营销力度不够有关。（明确问题）

为了弄清楚原因，我特意分析了销售数据，还对比了竞争对手的策略。结果发现，咱们在社交媒体营销、内容营销等关键推广领域上的投入力度确实不够。（分析原因）

所以，我想跟您商量商量，是不是得调整营销策略？简单来说，在社交媒体和线上平台加大广告投放力度，再优化产品描述和定位，让它更能吸引客户。（提出建议）

我觉得这样应该能提升产品的曝光度和吸引力，销量也就有望上去。而且，从长期来看，这对咱们提升市场份额和品牌影响力也是有好处的。您觉得这个建议怎么样？期待您的指导。（阐述效益）

确认偏误

"确认偏误"是指人们在面对信息时，更倾向于接受和自己观点一致的信息，而忽视或拒绝接受与自己观点不一致的信息。在向领导提建议时，我们可以利用这一心理效应，先了解领导的观点和偏好，然后以此为基础提出建议，这样更容易获得领导的认同和支持。

例如，你可以事先了解领导对市场营销的看法和期望，然后在提建议时强调你的方案与领导的理念相契合，如："您一直强调创新和客户体验，所以我的建议也是基于这两个核心点来考虑的。"这样做能够增加领导对你的建议的接受度，因为建议与他们的既有观点相一致。

事情搞砸了，如何跟领导汇报

在工作中，尽管我们总是想尽力做到最好，但有时难免会出错。当事情搞砸时，如何向领导汇报，承认错误，并提出解决方案，就显得尤为重要。这不仅能够体现我们的责任感和坦诚，还有助于及时纠正错误并减少损失。

沟通策略

在事情出错并向领导汇报时，我们可以遵循以下沟通策略（见图 1-11）。

图 1-11　事情出错的沟通策略

- 承认错误：首先是直截了当、毫不含糊地承认事情已经出错，避免任何形式的遮掩或逃避。这种坦诚不仅体现了我们对问题的正视，也展现了对领导的尊重和对工作负责的态度。同时，我们应概述错误的核心内容，便于后续详细汇报。

- 说明原因：对错误发生的原因进行深入且全面的分析。如果问题简单，可以直接说明原因；如果问题复杂，可以分板块来讲，比如内部因素（流程缺陷、技能不足等）和外部因素（市场环境变化、供应商问题等）。以此帮助领导全面了解事情出错的来龙去脉，并依此更好地制定补救措施。

- 提出补救措施：在明确原因后，提出一系列具体、可行的补救措施，旨在迅速且有效地最小化错误带来的负面影响。这些措施应涵盖短期应急处理和长期根本解决两个方面，同时附上详细的实施计划和预期效果，以展现对问题解决的决心和能力。

- 未来改进：基于此次错误带来的教训，阐述未来如何改进工作流程、提升团队能力、加强风险管理等，预防类似错误再次发生。这包括制订具体的改进计划、设定可衡量的目标以及明确责任分配，确保改进措施得到有效执行。通过展现对未来的积极规划和持续改进的决心，增强领导对团队或个人未来表现的信心。

场景应用

你负责组织一个重要的客户会议，但由于疏忽，你忘记通知客户会议时间有变动，导致客户未能按时参加。这时，你需要向领导汇报这一失误。你可以这样说：

领导，非常抱歉，我得跟您坦白个事儿，我这次犯了个挺严重的错误。（承认错误）

是关于咱们那个重要的产品策略讨论会议，我本来负责通知客户会议时间，结果一疏忽，竟然忘了告诉他们会议时间有变动。这么一来，客户没能按时参

加今天的会议，这是我的失职，我实在是非常抱歉。（说明原因）

为了赶紧弥补这个错误，我已经第一时间跟客户取得联系，解释了情况，并且重新安排了会议时间。这次我会确保客户按时参会，不会再出岔子。（提出补救措施）

以后的工作，我打算这么做：首先，加强自己的工作流程管理，制订详细的会议计划；然后，设置多重提醒，手机、电脑、便笺，能用的都用上，保证重要事项一个不落。我还打算定期回顾和更新自己的工作流程，跟团队成员多沟通，一起防止类似的问题再发生。领导，还请您以后多指导和监督我，我一定从这次错误里吸取教训，把工作做得更好。再次为我的失误向您道歉，也感谢您的理解和支持。（未来改进）

自我表露

在向领导汇报工作失误时，适当的"自我表露"（见图 1-12）能够展现我们的真诚和自省，有助于增强信任并推进问题的解决。

图 1-12 自我表露

通过主动承认错误并提出补救措施，我们向领导传递了一个积极的信息：我们已认识到自己的错误，并且正在积极寻求解决方案。这种坦诚和主动有助于减轻领导的负面情绪，可能为自己赢得更多的支持和理解。

事情完成了，如何展示自身价值

当我们在工作中取得了显著的成果时，自然希望得到领导的认可和同事的赞赏。然而，如何在展示自己成就和自身价值的同时，避免给他人留下邀功或自夸的印象？这确实需要一些技巧和策略。

沟通策略

在展示自身价值的过程中，我们可以遵循以下沟通策略（见图 1-13）。

图 1-13　展示自身价值的沟通策略

- 强调成果：简要而明确地阐述你所取得的成

果。例如，你可以说："领导，这次活动的成
果得到了大家的一致好评，反馈非常积极。"

- 提出标准或建议：不要直接邀功，而是提出
  基于这次成果的一些标准化工作建议或改进
  方案。这不仅能够展示我们对工作的深入思
  考，还能够体现对未来工作的贡献。例如：
  "针对这次活动，我总结了一些成功的经验，
  并建议我们在未来举办的类似活动中，可以
  按照这五个标准进行调度。我相信这能够提
  高我们的工作效率和活动质量。"

- 表达感谢：向领导和同事表达感谢，肯定他
  们的支持和帮助。这能够展现我们的谦逊和
  团队精神，同时也能够增进我们与领导和同
  事之间的关系。例如："非常感谢领导和同事
  们的支持和信任，没有你们的帮助，我不可
  能取得这样的成果。"

场景应用

你刚刚成功完成了一个重要的直播活动，希望向

领导展示自己的成果。你可以这样表达：

领导，刚刚结束的这场直播活动，咱们算是漂漂亮亮地完成了，从观众反馈来看，大家都对咱们的这次活动赞不绝口，不仅画面看着特别舒服，而且内容安排得很紧凑，互动环节特别吸引人。（强调成果）

回顾这次活动，我们在设备调度上做得够细致，直播流程也把控得严严实实的，每个环节都配合默契。趁着这股热乎劲儿，我赶紧总结了一套标准化的方案，包括设备的预检流程、直播过程中的注意事项等。我建议咱们以后做直播，可以参照这些标准，这样既能提升工作效率，又能保证直播质量。（提出标准或建议）

最后，我们真得好好感谢您，没有您的信任和支持，我们肯定拿不下这么好的成绩。谢谢您！（表达感谢）

目标一致与前瞻性思维

通过提出基于这次成果的标准或建议，我们展现了目标一致与前瞻性思维，这使得领导和同事更容易接受我们的表达，而不会反感。

其一，提出标准化工作建议的核心在于"目标一致"。项目成功后，我们不止步于此，而是思考如何延续这份成功。通过总结并提炼成标准方案，为团队树立了清晰、量化的目标。这不仅表明我们深刻理解并认同团队目标，更彰显了致力于团队共同进步的决心。领导与同事看到这种一致性，更易达成价值认同。

其二，"前瞻性思维"是另一亮点。在展现价值时，我们不仅回顾过去，更着眼未来。通过提出标准化建议，为团队发展指明方向，提供具体指导。这种思维体现了我们对工作的深思熟虑和长远规划，以及对团队和组织的责任感与使命感。领导与同事看到这种前瞻性，更易相信我们的表达不仅是对过去的肯定，更是对未来的承诺与投入。

与领导沟通的三大"关键时刻"

关键时刻一：领导夸奖我们，如何回复

在职场中，得到领导的夸奖是一件幸事。这不仅是对我们工作的肯定，更是对我们能力的认可。恰当地回应领导的夸奖，既可以体现我们的谦虚态度，又能进一步加深与领导的关系，是一门值得学习的艺术。

沟通策略

当得到领导的夸奖时，我们可以遵循以下沟通策略（见图 1-14）。

图 1-14　得到领导夸奖时的沟通策略

话术示例

（1）当客户领导向公司领导夸奖："贵公司的小王，接待细节做得真是太到位了！"

可以这样说："非常感谢您的夸奖，李总之前特意叮嘱我要细心准备，您的满意是我们的追求。如果有任何需要，请随时吩咐。"

这样的回应体现了对客户领导的尊重，并巧妙地将夸奖归功于公司领导的重视和叮嘱。这实际上是在提升客户对公司领导的好感，从而促进双方的合作，维系双方关系。领导会欣赏我们能够如此机智地维护公司形象并促进业务合作。

（2）当自己的领导当着客户的面夸奖："我们公司的小王啊，工作效率特别高！"

可以这样说："非常感谢领导的认可，其实我刚来公司时还有很多不足，多亏了您的悉心指导和帮助，让我能够快速成长。我会继续努力，不辜负您的期望。"

　　这样的回应既表达了谦虚和感恩之情，又巧妙地肯定了领导的管理和培养能力。领导会感到自己的付出得到了认可，并看到我们作为下属的感恩之心和进一步发展的潜力。这会加深领导对我们的信任和好感，为我们未来的职业发展创造更多机会。

关键时刻二：当领导说"辛苦了"，如何回应

　　在紧张忙碌的工作中，领导的一句"辛苦了"，往往能给我们带来极大的鼓舞和动力。这简单的三个字背后，蕴含着领导对工作的期待和对我们的关心。如何回应领导的这句话，既能表达我们的感激之情，又能体现出我们对工作的热情和对团队的归属感，是我们需要思考的重要问题。

沟通策略

当领导说"辛苦了",我们可以遵循以下沟通策略(见图 1-15)。

感谢 → 强调领导作用 → 表达继续努力的决心

图 1-15　领导说"辛苦了"的沟通策略

话术示例

(1)面对强调全局掌控感的领导。

可以这样说:"谢谢领导的关心,多亏有您主持大局,我才能取得这样的成果。这点辛苦不算什么,我会继续努力,确保工作顺利进行。"

强调全局掌控感的领导,他们在工作中往往注重整体规划和战略部署,希望团队能够按照他们的指导方向前进。因此,在回应时,强调领导主持大局及其重要性,能够让领导感受到自己的掌控感和影响力,从而对我们产生良好的印象。同时,表达继续努力的决心,也能让领导看到我们对工作的热情和投入。

（2）面对与下属关系融洽的领导。

可以这样说："领导您太客气了，这都是我应该做的。要说辛苦，是团队里的小伙伴们更辛苦。我们会继续努力，保持积极的工作状态。"

与下属关系融洽的领导，他们通常更注重团队的氛围和成员之间的关系。因此，在回应时，提及团队的贡献和辛苦，能够展示团队的凝聚力和成员的归属感，让领导感受到我们对团队的重视和珍惜。同时，这样的回应也能让领导看到我们对工作的热情和努力，从而对我们产生更好的印象。

关键时刻三：当有合适机会，如何高段位赞美领导

在职场中，赞美领导不仅是一种礼貌，更是一种智慧。如何赞美领导才能既真诚又得体，既能表达我们的敬意又能增进双方的关系？这是需要我们掌握的技巧。简单的恭维可能会显得过于肤浅，而过于直白

的赞美又可能让领导感到尴尬。因此，我们需要学会运用高情商的沟通策略，以请教的方式赞美领导，展现我们谦逊的学习态度和对领导成就的认可。

沟通策略

如果想要趁机赞美领导，我们可以遵循以下沟通策略（见图 1-16 ）。

图 1-16　高段位赞美领导的沟通策略

话术示例

可以这样说："领导，我一直很佩服您在处理复杂问题时表现出的智慧和决断力。最近我注意到公司在新项目上取得了显著成果，这与您的领导密不可分。我想请教一下，您是如何做到在关键时刻保持冷静并做出明智决策的？我希望能够从您身上学到更多。"

　　高段位的赞美，往往是以"请教"的方式出现的。在这段赞美中，我们巧妙地运用了马斯洛需求层次理论中的尊重需求和自我实现需求。首先，以请教的方式开头，满足了领导的尊重需求，让他们感受到自己的智慧和经验被认可和重视。接着，提及领导在新项目上的具体成就，进一步强化了这种尊重，同时也满足了领导成就获得认可的需求，让他们感受到自己的工作成果得到了关注和赞赏。最后，表达希望从领导身上学到更多的意愿，这既展现了我们的谦逊和求知态度，也满足了领导的自我实现需求，因为他们有机会分享自己的经验和智慧，帮助他人成长。通过这样的赞美方式，我们不仅能够恰当地表达对领导的敬意和认可，还能够增进与领导的关系，实现更高的职场成就。

CHAPTER 2

第二章

平级沟通

在职场中，平级沟通是一项至关重要的技能。在这个充满竞争与合作的环境里，如何与平级同事（后简称同事）有效沟通，不仅影响着我们的工作效率，还直接关系到我们的职业发展。然而，这一层级的沟通常常让我们面临诸多挑战，甚至陷入困境。

我们可能会遇到这样的场景：想要请求同事的协助，却不知如何开口，担心给对方带来压力；在面对团队内部的意见分歧时，我们可能手足无措，不知如何化解冲突，以维持团队的和谐；更有甚者，在遇到同事推卸责任时，我们或许会感到无奈和愤怒，却不知如何高情商地应对。

这些问题看似琐碎，实则对我们的职业发展有着深远的影响。如果我们不能有效地与同事沟通，不仅会影响工作效率，还可能导致误解和冲突，进而影响团队的整体氛围。更为严重的是，如果我们在平级沟通中表现欠佳，领导很可能会质疑我们的工作能力和管理能力，这对于我们晋升为管理者，无疑是巨大的阻碍。

因此，提升平级沟通的能力尤为重要。在本章中，我们将深入探讨平级沟通的常见问题，并分享一些实用的沟通技巧。通过学习，你将学会如何巧妙地向同事提出请求，如何在面对分歧时化解冲突，以及如何在遭遇不公平对待时维护自己的权益。

记住，有效的平级沟通是职场成功的关键之一。只有通过不断的学习和实践，我们才能在职场中更加游刃有余，与同事建立良好的合作关系，共同推动团队的发展。不要让平级沟通成为你职业发展的绊脚石，而是要让它成为你晋升的助推器。

请求同事帮忙，如何巧妙开口

在日常工作中，我们常常需要同事的协助，然而，直接提出请求有时可能会让同事感到意外或有压力。特别是在需要跨部门协作或处理复杂任务时，如何巧妙开口，让同事欣然接受我们的请求，就显得尤为重要。

沟通策略

为了巧妙地请求同事的协助，我们可以运用以下沟通策略（见图 2-1）。

图 2-1　请求同事帮忙的沟通策略

- 提出大挑战：我们可以从大处着眼，描述当前任务的紧迫性和重要性，让对方对整个背景有所了解。这样做有助于后续提出请求，让对方更容易接受。

- 缩小请求：在描述完大背景之后，我们再将请求的范围缩小到具体的事项上，明确需要同事协助的具体内容。由于之前已经铺垫了任务的艰巨性，此时提出的具体请求会相对容易接受。

- 表达感激：在提出具体请求的同时，我们要表达出对同事的真诚感激。这不仅能够增强同事对我们的好感度，还能让他们感受到自己的价值和被尊重。

场景应用

你需要同事小李协助处理一项紧急的数据分析工作，你可以这样开口：小李，咱们团队最近接到了一个挺棘手的紧急任务，客户那边特别着急，要求我们在很短的时间内完成一大批复杂的数据分析工作。这个工作量可不小，时间又紧，确实是个不小的挑战。
(提出大挑战)

不过，我一想到你在数据分析领域的专业能力和丰富经验，心里就有了底。你在这方面真的是一把好手，以前也帮团队解决过不少难题。所以，我特别希望你能帮忙处理其中的一部分数据，用你的专长来助力我们更快、更准确地完成任务。你的协助对我们来说，真的是至关重要。(缩小请求)

当然，我也知道你现在手头上有不少事情要忙。如果你能抽出时间来帮助我们，我真的是感激不尽！
(表达感激)

如果对方表示愿意帮忙，你可以进一步表达感激：

如果你在工作中遇到任何问题，或者需要额外的资源、支持，都请随时告诉我。我会尽我所能来协调，确保你能顺利地进行工作。再次感谢你的理解和支持，有你这样的同事，真的是团队的幸运！

拆屋效应

"拆屋效应"描述了一种先提出很大的要求，再提出较小的要求，从而增大后者被接受的可能性的现象（见图 2-2）。鲁迅先生在《无声的中国》一文中写道："中国人的性情总是喜欢调和，折中的。譬如你说，这屋子太暗，须在这里开一个窗，大家一定不允许的 。但如果你主张拆掉屋顶，他们就会来调和，愿意开窗了。"

图 2-2　拆屋效应

在我们的沟通策略中，通过先提出大的挑战（相当于"拆掉屋顶"），为后续提出具体请求做铺垫。接着，当我们缩小到具体的请求范围时（相当于"开窗"），同事在已经接受了任务艰巨性的前提下，对于具体的协助请求会更容易接受。

同部门或跨部门合作，如何有效说服

场景一：推不动别人干活，怎么办

在工作中，我们时常会遇到这样的情况：明明是一项重要的任务，但同事似乎总是无法按时或保质完成。尤其是当我们面对跨部门合作时，由于沟通成本上升和职责界定模糊，推动工作变得更加困难。

沟通策略

要有效推动他人干活，我们可以采用以下沟通策略（见图 2-3）。

图 2-3 推动工作进展的沟通策略

- 理解和共情：我们要理解对方的立场和困难，表现出对他们的尊重和理解，这有助于建立信任和减少对方的抵触情绪。

- 晓之以理，诱之以利：我们要清晰地阐述任务的重要性和紧迫性，同时提供促使对方配合的理由，比如任务成果与绩效考核、奖金激励有关等，让对方看到完成任务的好处。

- 清晰具体的行动方案：我们要给出具体、可执行的行动方案，包括任务的具体要求、时间节点、资源支持等，让对方知道该如何操作。

场景应用

在制作社群宣传海报时，尽管小 Q 已经明确了时间节点和重要性，但设计师小 A 却始终无法提供满意的成果。为了推动小 A 制作海报，小 Q 可以这样说：

小 A，我知道之前我对海报的具体要求说得有点

笼统，可能让你觉得无从下手，这确实是我的疏忽。（理解和共情）

不过，这次的项目挺关键的，是我们这两个部门联手做的大事，而且对你的绩效考核也有影响。咱们一起加把劲儿，把这件事办得漂漂亮亮的，到时候年底评优、奖金之类的，肯定都少不了咱们的份儿。（晓之以理，诱之以利）

说到海报的具体制作，我有几点想跟你商量一下：一是希望海报的左下角能加上一段引导读者扫描二维码的文案，文案标题得更醒目，让人一眼就能看到；二是这次请的导师挺有名的，咱们得对他的形象做重点展示；三是海报的色调，我觉得暖色调挺不错的，粉红色或者橘红色都行，看起来温馨又有活力。我还找了几张参考样式，一会儿发给你。

对了，我刚才说的这几点，你还有什么不清楚的地方吗？咱们一起讨论，确保最后出来的海报能让大家都满意。（清晰具体的行动方案）

诱因

在"晓之以理，诱之以利"这一环节中，我们可以融入心理学上的"诱因"概念来增强说服效果。诱因，就是在马儿前面悬挂一束草，马儿为了吃到草，便会自己向前跑起来（见图2-4）。这说明，当个体看到某个目标或利益时，会产生强烈的动机去追求它。

图2-4　诱因

因此，我们向同事清晰地阐述任务的重要性和紧迫性，并同时提供促使对方配合的理由，如任务成果与绩效考核、奖金激励挂钩等，实际上就是在对方面前放了一束"草"——完成任务后可能获得的利益。这束"草"会激发对方的动机，使他们更愿意主动配合并完成任务，因为他们被完成任务后可能获得的利益所吸引。这样，通过运用诱因，我们可以更有效地说服他人，推动工作顺利进行。

场景二：与他人意见不一致，怎么办

在工作中，无论是跨部门还是同部门的合作，与他人意见不一致是难免的。每个人都有自己的想法和观点，如果不会处理意见分歧，可能会导致项目方向偏离预期或推进受阻。

沟通策略

当面对与他人意见不一致的情况时，我们可以采用以下沟通策略（见图 2-5 ）。

倾听和理解 → 陈述观点 → 寻求共识 → 制订折中方案

图 2-5 与他人意见不一致时的沟通策略

- 倾听和理解：要耐心倾听对方的观点，确保充分理解他们的立场和考虑。这有助于我们避免误解和偏见，为后续的讨论和合作打下基础。

- 陈述观点：在理解对方观点的基础上，我们要清晰、有条理地阐述自己的观点和理由。通过充分沟通，让对方了解我们的考虑和期望。

- 寻求共识：我们要努力寻找双方观点中的共同点。通过协商和讨论，逐渐减少分歧，达成共识。

- 制订折中方案：如果双方分歧较大，难以达成共识，我们需要制订一个折中方案。这个方案既要考虑到对方的利益和需求，也要确保我们的目标和期望得到实现。

场景应用

在筹备一场线上活动的时候，市场部门和技术部门各有各的侧重点。市场部的小 M 非常想让活动更有新意，想加一些创新的互动环节进去，比如实时投票、在线抽奖等；技术部的小 N，则更担心这些创新环节可能会让服务器压力变大，或者出现技术故障，风险不小。

小 M 先是很耐心地听了小 N 的顾虑，然后说："小 N，你的担心我完全理解，技术部门是咱们活动的坚实后盾，你们的专业性我一直都很尊重。咱们一起想办法，肯定能找到个平衡点。"（倾听和理解）

然后，小 M 就跟小 N 详细解释了市场部为什么想加这些创新环节："小 N，你看啊，这次活动咱们得做得与众不同，才能吸引用户。加些新鲜的互动环节，不仅能提高用户的参与度，还能让咱们的品牌形象更鲜活，影响力自然也就上去了。当然，我也知道这会增加你们的工作量，但咱们一起努力，肯定没问题的。"（陈述观点）

他们就这个问题来回沟通了好几轮，最后发现其实可以找个折中的办法。小 M 提议："要不咱们这样，互动环节的设计可以稍微简化一些，或者用些已经经

过验证的技术方案，这样技术实现的难度和风险就能降低不少。你觉得呢，小 N？"（寻求共识）

最后，他们定了个折中方案：保留一部分创新环节，比如实时投票，但是用更稳妥的技术来实现，同时技术部门也会多给些支持和协助，确保活动顺利进行。小 M 高兴地说："太好了，这个方案真是两全其美！既满足了市场部的创新需求，也确保了技术部想要的稳定性和可行性。小 N，真是太感谢你的支持和配合了！"（制订折中方案）

逆火效应

前文揭示了在职场沟通中，智慧地避免逆火效应的重要性。逆火效应指的是当人们面对与自己原有观念相悖的信息或证据时，不但不会改变原有观念，反而会更加坚定自己的立场。因此，在处理意见分歧时，我们应该采取更加谨慎和尊重对方的沟通策略，避免直接否定或攻击对方的观点，而是通过倾听、理解和寻求共识来化解冲突。

通过有效地运用沟通策略，并时刻警惕逆火效应的发生，我们可以更好地处理与他人意见不一致的情况，促进合作关系的和谐发展。

面对不合理的要求，如何得体拒绝

在工作中，我们有时会遇到同事提出的不合理要求，这些要求可能超出了我们的职责范围，或者与我们的工作重点相冲突。如何得体地拒绝这些要求，同时又不损害与同事之间的关系，需要智慧和技巧。在这个过程中，我们会认识到拒绝是维护个人边界、确保工作效率和日后更好地合作的重要一环。

沟通策略

在面对不合理的要求时，我们可以采用以下沟通策略（见图 2-6）。

图 2-6　面对不合理的要求的沟通策略

- 明确立场：我们需要清晰地表达自己的立场，即无法接受这个要求。但是，我们要注意表达方式，避免发生直接冲突或伤害对方的感情。可以用委婉的语气或措辞来表达自己的想法。

- 解释原因：我们要解释自己无法满足这个要求的原因。这里要注意客观性和合理性，不要让对方觉得我们是在找借口或推脱责任。可以说明自己拒绝是出于工作重点、时间安排、资源限制等方面的原因，让对方理解我们的难处。

- 提供替代方案：在拒绝对方的要求后，我们可以尝试提供一些替代方案或建议，以缓解对方的失望和不满。这些方案可以是寻找其他合适的资源、调整任务优先级、重新分配工作量等。通过提供替代方案，我们可以让对方感受到我们的诚意和努力，同时也为双方日后合作留下余地。

场景应用

你是一名项目经理，你的同事小 B 突然提出一个要求，希望你能够为他处理一个与你无关的任务。然而，你当前的工作已经排满了，无法腾出时间来处理这个任务。你可以这样回应小 B：

小 B，我很认真地听了你的请求，并且完全理解你希望我能帮你处理这个任务的想法。但是真的很抱歉，我目前的工作安排已经非常紧凑了，每个项目都在按计划紧密推进，实在是腾不出时间来接手这个新任务。*（明确立场＋解释原因）*

不过，你也别太担心，我可以帮你联系一下其他同事，特别是那些在这个领域专业经验更丰富的，看看他们是否能够抽出时间来协助你。另外，我们也可以一起讨论一下你的项目计划，看看能不能做些调整，比如重新分配一下资源，或者调整任务的优先级，这样或许能更好地满足你的需求，同时也能保证我这边的工作不受影响。你觉得这样可以吗？*（提供替代方案）*

互惠关系定律

这一沟通策略背后蕴含着互惠关系定律。"互惠关系定律"认为，人们在交往中会倾向于回报那些曾经给予过自己帮助或好处的人。通过明确立场、解释原因并提供替代方案，我们实际上是在向对方传递一种"我虽然不能直接帮助你，但我会尽力为你找到解决方案"的信息。这种信息会让对方感受到我们的诚意和努力，从而更愿意接受我们的拒绝并寻找其他解决途径。这也有助于维护双方的关系，促进未来的合作与沟通。

同事推卸责任，如何高情商回应

场景一：同事在领导面前说我们不配合工作，怎么办

在职场中，有时我们会遭遇一种尴尬的情况——明明自己尽职尽责，却碰到同事在领导面前推卸责任，指责我们不配合工作。这种突如其来的指责往往会让我们措手不及，甚至可能影响我们与领导的关系。面对这种情况，保持冷静、理智地回应是至关重要的。

沟通策略

面对同事在领导面前推卸责任，指责自己不配合工作的情况，我们可以运用以下沟通策略（见图 2-7）。

图 2-7 遇到同事在领导面前推卸责任时的沟通策略

- 冷静应对：保持冷静，不要让情绪影响自己的判断和表达。深呼吸，整理思路，准备应对。

- 澄清事实：明确表达自己对工作的理解和付出，并澄清事实。可以用事实和数据来支持自己的观点，让领导了解真实情况。

- 明确责任边界：在澄清事实的同时，明确指出同事的责任边界，解释清楚哪些部分是由同事负责，哪些部分是由自己负责。

- 提出未来改进方案：为了避免类似情况再次发生，可以提出一个明确的改进方案，包括如何更好地协作、如何明确责任分工等。

场景应用

同事小李在领导面前指责你不配合工作，导致项目延期。你可以这样回应：

领导，我能够理解小李的顾虑以及他对我提出的批评，但我想借此机会把实际情况说明一下。在这个项目中，我的职责主要集中在内容策划上，而小李负责设计工作。在整个过程中，我始终保持开放的态度，与小李保持着密切的沟通，确保他能清晰理解内容需求，并及时反馈给他相关信息。

然而，在最近的一次交流里，我注意到小李提交的设计方案与我们之前共同确定的方向存在一定程度的偏差。当时，我就指出了这个问题，并给出了详细的修改建议。可能是因为时间比较紧张，小李没能及时对设计方案做出调整，这才导致了项目的延期。（冷静应对+澄清事实）

为了避免再次出现类似情况，我们需要进一步明确各自的职责范围，同时加强团队间的沟通与协作，这样才能确保项目顺利推进。（明确责任边界）

今后，我会继续以积极的态度参与到项目中来，也会更加主动地与小李沟通合作，我们共同努力，防止类似的问题再次发生。（提出未来改进方案）

自我肯定理论

同事推卸责任，在领导面前说你不配合工作，这种突如其来的指责往往会让我们措手不及，甚至可能触发"战斗或逃跑"的生理反应。然而，心理学中的"自我肯定理论"告诉我们，在面对这种挑战时，通过肯定自己的价值，我们能够更加自信地应对。

自我肯定理论指出，当个体面临威胁或挑战时，通过肯定自己的内在价值（如能力、道德观念等），可以增强其应对挑战的信心和自尊心。在面对同事推卸责任和领导的误解时，我们可以先肯定自己在工作中的付出和价值，然后再以冷静、理智的态度去回应，从而减轻压力，更好地维护自己的权益。

场景二：领导把同事的失误归咎于我们，怎么办

在团队合作中，难免会出现一些错误或疏漏。然而，当这些错误或疏漏被同事"甩锅"，而领导又因

此误会我们时，我们可能会感到委屈和无奈。但关键在于如何以积极的态度和恰当的方式去解释和澄清。

沟通策略

当领导把同事的失误归咎于我们时，我们可以遵循以下沟通策略（见图 2-8 ）。

图 2-8　领导把同事的失误归咎于我们的沟通策略

- 承担部分责任：可以主动承担部分责任，表示对团队和项目的关心与负责。

- 澄清事实：接下来，要清晰地阐述事实真相，解释清楚问题产生的真正原因，并提供相关的证据或数据支持。

- 点出责任人：在澄清事实的同时，明确指出责任人是谁，避免领导继续误会自己。

- 提出团队改进方案：最后，为了避免类似情况再次发生，可以提出一个团队层面的改进方案，如加强团队协作、完善工作流程等。

场景应用

你和小王同在一个项目团队，负责一个新产品的市场推广。在准备推广材料时，小王在他所负责撰写的内容中遗漏了一个关键信息。不幸的是，领导在审核材料时，误以为是你的责任。你可以这样回应：

领导，对于推广材料中的疏漏，我首先表示歉意。尽管这个错误并非直接出自我手，但作为团队一员，我深知确保材料整体准确无误是我的职责所在。（承担部分责任）

经过详细复盘，我发现问题出在小王撰写的产品描述部分，遗漏了一项关键特性。我已与小王核实，并查看了初稿，确认了这一点。（澄清事实＋点出责任人）

为防止未来再出现此类情况，我建议团队加强合作与沟通，特别是在关键材料的准备上，可以实施交叉审核机制。同时，我们可以优化工作流程，比如增设材料审核环节，明确各环节的责任人与验收标准。相信通过团队的共同努力，我们能够有效避免类似问题再次发生。（提出团队改进方案）

沉默的螺旋

在面临同事推卸责任、领导误会的困境时，我们可能会因为担心被孤立或批评而选择保持沉默。然而，我们要警惕"沉默的螺旋"。保持沉默并不利于问题的解决和误会的澄清。如果我们能够勇敢地站出来澄清事实，就可以打破这种沉默，为自己正名，同时也为团队创造一个更加健康、积极的沟通环境。

遇到冲突，如何快速解决

在职场中，冲突难以避免。当冲突发生时，如何迅速而妥善地解决，是每个职场人士都需要掌握的技能。冲突若处理不当，不仅会影响工作效率，还可能损害团队士气。因此，学会快速解决冲突，对于维护团队和谐至关重要。

沟通策略

在解决冲突时，我们可以借鉴非暴力沟通的原则，采用以下沟通策略（见图2-9）。

图 2-9　遇到冲突的沟通策略

- 观察事实：客观地描述冲突发生的情况，不加入个人主观判断或情绪色彩。例如："我注意到我们在讨论项目方案时产生了分歧。"

- 表达感受：表达自己的感受，让对方了解你的情绪状态。例如："我感到有些沮丧和困惑，因为我们都希望项目能够成功。"

- 明确需求：明确表达你的需求，让对方了解你希望达成的目标。例如："我希望能找到一个双方都能接受的解决方案，确保项目能够顺利进行。"

- 提出请求：提出具体的请求或建议，以便双方共同寻找解决方案。例如："我们可以尝试重新讨论一下项目方案，或者寻求第三方意见来帮助我们达成共识。"

场景应用

你与同事小王在关于一个新项目的市场调研分工问题上产生了冲突。你可以这样说：

小王，我留意到咱俩在商量新项目市场调研怎么

分工的时候，对于各自该干哪些活儿有不同的看法。（观察事实）

　　我有点担心，因为市场调研对项目的成败来说太关键了，咱俩现在意见不合，我怕会影响这部分工作的进度，到时候拖整个项目的后腿。（表达感受）

　　我的想法是，咱俩得赶紧明确分工，让市场调研工作能顺顺利利地推进。说到底，咱俩都是奔着一个目标去的，那就是让这个项目成功，对吧？（明确需求）

　　要不这样，我们坐下来，细细聊聊市场调研的具体分工。我可以负责数据收集，你来做数据分析，或者换换也行。要是还不行，咱们也可以找领导出出主意，看他们有什么高见。你觉得这么安排行吗？（提出请求）

非暴力沟通

　　"非暴力沟通"是一种强调在冲突解决中尊重和理解他人感受与需求的沟通方式（见图2-10）。它鼓励我们在面对冲突时，通过客观观察事实、真诚表达个人感受、明确阐述自身需求，并提出具体的请求，来建立一种更加平等和尊重的沟通环境。

　　通过非暴力沟通的四个关键步骤——观察事实、表达感受、明确需求和提出请求，我们可以有效地促进双方之间的理解和合作。这种方法不仅能够帮助我们更加理性地看待问题，避免情绪化的反应，还能引导我们共同寻找更加有效的解决方案。在解决冲突时，运用非暴力沟通不仅能够维护良好的人际关系，还能提升团队的整体效能和凝聚力。

1. 观察事实

2. 表达感受

3. 明确需求

4. 提出请求

图 2-10　非暴力沟通

收获好人缘的三大高情商策略

在职场中，良好的人际关系对于个人的职业发展和团队的整体效能至关重要。如何收获好人缘，不仅是一门艺术，更是一种智慧。接下来，我们将探讨三大高情商策略，这些策略有助于在平级沟通中轻松赢得同事的信任与支持，共同创造和谐的工作氛围。

策略一：巧妙回应同事的夸奖

当面对同事的夸奖时，如何回应既能体现我们的谦虚，又能增进双方关系呢？以下是几种高情商的回应方式。

- 借机反夸法：接受夸奖的同时，反夸对方，如："没办法呀，和你们这些能力这么强的人一起工作，想不进步都难。"

- 细节赞美法：聚焦于夸奖中的具体细节，并针对该细节回以赞美，如："谢谢你的夸奖，我特别开心你提到了我在项目中的创新点，你真的是太有心了。"

- 共同成就法：强调夸奖背后的共同成就和团队努力，如："我只是做了我应该做的部分，这个项目的成功是我们整个团队努力的结果。"

认同

个体在社交互动中会寻求被接受和认同的心理需求。当我们巧妙回应同事的夸奖时，我们不仅接受了他们的夸奖，还通过反夸的方式表达了对他们的认同和尊重。这种回应方式满足了同事被认同的心理需求，同时也增强了社交联系。当个体感受到被他人认同时，他会更愿意与这些人建立更深层次的关系，从而促进团队内部协作。因此，巧妙回应同事的夸奖是一种高情商的沟通策略，有助于收获好人缘。

策略二：适时寻求同事的意见

在与同事沟通时，适时地寻求他们的意见和建议。这样做不仅可以体现我们的开放心态，还能增加与他人的互动，加强彼此间的信任与合作。例如：

- 我对这个项目已有初步的想法，但还想听听你的意见，你能帮我看看这个方案有什么可以改进的地方吗？
- 我觉得我们在这个环节上还可以做得更好，你有没有什么好的想法或建议？

富兰克林效应

"富兰克林效应"指出，比起那些被你帮助过的人，那些曾经帮助过你的人会更愿意再帮助你一次。这个效应的名字来源于美国历史上著名的政治家和发明家本杰明·富兰克林。据说，富兰克林曾用过一个策略来争取一名议员的友谊和支持：他请求对方借给他一本稀有的书，从而给予对方一个帮助他的机会。之后，这名议员对富兰克林的态度变得更为友好。

我们在工作中适时地寻求同事的意见，其实是在一个相对较小的层面上请求对方给予帮助。这种请求不仅体现了我们对同事专业知识和经验的尊重，更重要的是，根据富兰克林效应，这样做增大了同事在未来继续帮助我们的可能性。通过给予同事一个参与和贡献的机会，我们之间建立起了一种互助的关系，这种关系有助于强化同事间的联系，并可能在未来促成更为顺畅的合作。

策略三：主动分享资源和知识

在职场中，主动分享资源和知识，不仅能够提升我们在同事心目中的形象，还能促进团队的整体进步。例如：

- 我最近发现了一个特别好用的工具，对于我
  们的工作有很大帮助，我可以分享给你试试。
- 我之前做过类似的项目，积累了一些经验，
  如果你需要的话，我可以和你分享一下。

归属需要

"归属需要"是人类的基本心理需求之一，指
的是个体渴望成为某个群体或社交圈的一部分，
并与之建立联系和认同。当我们主动分享资源和
知识时，展现了对团队的贡献和支持，让团队成
员感觉我们将大家视为一个整体，满足了团队成
员的归属需要。这种分享行为能够增强团队成员
之间的紧密联系和相互之间的认同感，促进团队
凝聚力和协作效率的提升。

CHAPTER 3

第三章

向下沟通

在团队管理的世界里，向下沟通是每个管理者都绕不开的重要课题。很多管理者，尤其是新任管理者，常常面临这样的困境：他们曾是业务能手，但晋升为管理者后，发现自己陷入了单打独斗、埋头苦干的怪圈，不懂得如何领导和管理他人。这其中的痛点与难点，正是我们需要深入探讨的。

向下沟通，不仅仅是简单地分派任务和设定目标，它更是一门艺术。许多新任管理者往往忽视了这一点，他们或许能够清晰地传达任务要求，但忽略了下属的感受和需求，导致团队氛围紧张，工作效率低下。

在向下沟通的过程中，管理者常常遇到这样的问题：如何有效地分派任务，让下属明确自己的职责并积极投入工作？如何设立团队共同目标，激发大家的凝聚力和向心力？如何激励下属，让他们在工作中保持高昂的斗志和持续的热情？还有一些更为棘手的问题：被下属当面顶撞，如何巧妙回应？下属资历深，不服管，如何有效推进工作？当下属犯错或面临挑战时，作为管理者又该如何应对和处理？

这些问题看似简单，实则考验着管理者的智慧和策略。如果我们不能做好向下沟通，很可能陷入越干越累，不仅不出成绩还不得人心的窘境。这样的管理者，不仅难以赢得下属的尊重和信任，更可能无法在职场上进一步发展。

因此，我们必须认识到做好向下沟通的重要性。在本章中，我们将深入探讨如何有效分派任务、如何有效激励下属以及面对下属犯错等关键场景。通过案例分析，结合心理学和管理学领域专业知识，我们将揭示有效向下沟通的技巧和策略。

让我们一起跳出单打独斗、埋头苦干的怪圈，学会用智慧和策略来领导和管理团队。通过不断提升向下沟通的能力，我们将能够引领团队走向更高的目标，实现个人和团队的共同成长与成功。

如何有效分派任务，设立团队共同目标

场景一：任务分派遇阻，如何有效推动

作为管理者，任务分派是一个常见的环节，但有时候我们会遇到阻碍。下属可能对任务的重要性认识不足，或者对任务的细节和要求理解得不够清晰，导致执行力度不够。这时，作为管理者，我们需要采取有效的方式来推动任务的执行。

沟通策略

为了有效分派任务并推动其执行，我们可以遵循以下沟通策略（见图 3-1 ）。

图 3-1 任务分派遇阻时的沟通策略

- 明确目标：向团队成员明确而详尽地解释任务所要达成的目标及其背后的意义，使他们深刻理解这项任务对整个团队或项目成功来说扮演的关键角色。例如："这项任务对我们的团队来说极为重要，我们的核心目标是实现 X，它对推动我们项目的进展具有不可估量的价值。"

- 确定细节：需要全面而细致地说明任务的具体内容、所需达到的标准，以及完成的截止日期等，确保每位团队成员都能对任务有全方位的理解。例如："请确保在 Y 日期之前，按照要求完成 Z 任务，特别要注意 A 和 B 这两个关键环节，它们对于任务的成功至关重要。"

- 提供支持：确认团队成员是否完全理解了任务要求，并主动为他们提供所需的支持和资源，以助力他们更高效、更高质量地完成任务。例如："如果在执行过程中遇到任何问题或有需要帮助的地方，请随时告诉我，我会尽我所能为你提供全面的支持和帮助。"

场景应用

项目经理李经理将市场调研任务分派给团队成员小张，小张对这次任务并没有给予足够的重视，李经理可以这样说：

小张，关于这次新产品的市场调研，我得强调一下，这可是咱们项目成功的关键所在。要想让咱们的产品和服务真正打动用户，深入了解他们的需求和期望是很有必要的。（明确目标）

我希望你能在接下来的两周内，高效地完成这项调研工作，并提交一份详尽的报告给我。在调研过程中，要特别关注用户对咱们新产品的接受程度以及他们对价格的预期，这些信息对咱们后续的决策至关重要。（确定细节）

在推进工作的过程中，如果你遇到任何问题或需要帮助，随时告诉我。我会尽力为你提供支持。另外，我这里有一些市场调研的参考资料和工具，你可以根据需要自由使用，希望能对你的工作有所帮助。（提供支持）

目标设定理论与马蝇效应

在任务分派中，"目标设定理论"是一个重要的指导原则。根据目标设定理论，明确和具体的目标能够增强员工的工作动机和绩效。当员工清楚了解任务目标，并知道如何达到这些目标时，他们更有可能投入努力并成功完成任务。

"马蝇效应"在任务分派中同样扮演着重要角色（见图3-2）。马蝇效应得名于自然界中马蝇叮咬马匹后，马匹因疼痛而奋力奔跑的现象。在管理学和心理学中，这一效应被用来比喻适当的压力或激励能够激发员工的潜能和工作热情，从而提高工作效率和团队绩效。这一效应表明，设定一个截止日期可以激发员工的紧迫感和行动力。

在李经理的案例中，他通过设定两周的完成时间，有效地利用了马蝇效应，激发了小张的紧迫感和行动力，从而更有可能按时提交高质量的市场调研报告。

图 3-2　马蝇效应

场景二：团队目标模糊，如何清晰设立

在团队合作中，明确共同的目标是至关重要的。有时候我们会发现团队目标模糊，导致成员之间缺乏统一的方向和动力。这时，我们需要通过有效的沟通来设立清晰的团队目标。

沟通策略

为了设立清晰的团队目标，我们可以采用以下沟通策略（见图3-3）。

图 3-3　团队目标模糊时的沟通策略

- 团队讨论：引导团队成员积极参与讨论，鼓励他们提出自己的看法和目标建议。例如："关于我们本季度的核心目标，大家有什么建议？欢迎大家提出自己的想法，我们一起来讨论。"这样的开头可以鼓励每个成员参与讨论并分享观点。

- 明确并宣布目标：在充分讨论与交流的基础上，需要汇总并确立团队的共同奋斗目标。这一目标应当具体、可衡量，能清晰地指导团队的工作重心与方向。例如："在综合各方意见后，本季度团队的核心目标是客户满意度提升至 90% 以上，并达成销售额 20% 的增长。"这样可以确保每位团队成员都清楚了解团队当前的工作重点，以便大家能够协同一致，共同向目标迈进。

- 目标分解与计划制订：最后，要确保团队所有成员对整体目标达成共识，并基于这个共识，将总目标分解为一系列具体、可操作的小目标或任务。随后，根据这些小目标或任务，每位成员需要结合自己的岗位职责，制订出详细的个人工作计划和行动方案。确保团队上下对目标有共同的认识，并且每个人都清楚自己应该如何贡献自己的力量，共同推动目标的实现。

场景应用

王主管在一次团队会议上，针对本季度的销售工作，开启了这样的讨论：

"团队成员们，大家都知道，提升销售业绩是我们共同努力的方向。为了更有效地推动这项工作，现在我们需要坐下来，一起讨论并确定本季度的销售目标。我希望每个人都能结合当前的市场形势以及我们产品的独特卖点，提出自己认为既具有挑战性又可实现的销售目标建议。"（团队讨论）

经过一番热烈的讨论和细致的分析，团队最终达成了一致意见，决定本季度的销售目标定为比去年同期增长 25%。王主管对此表示了肯定，并总结说："非常好，经过大家的共同努力，我们明确了本季度的销售目标——比去年同期增长 25%。这是一个既鼓舞人心又切实可行的目标，我相信通过我们的共同努力，一定能够实现。"（明确并宣布目标）

接着，王主管进一步指导团队成员如何将大目标拆解为可执行的小目标："接下来，我希望每位团队成员都能根据自己的销售区域、客户群体以及产品特点，制订一份详细的销售计划。这份计划应该包括具体的销售策略、目标客户分析、预期销售数量以及进度安排等。完成后，请及时提报给我，然后我们就按照计划，有条不紊地开始行动。记住，我们的目标是一致的，每个人的努力，才能汇聚成团队的成功。"
（目标分解与计划制订）

罗森塔尔效应与责任分散效应

在设立团队共同目标的过程中，"罗森塔尔效
应"发挥了重要作用（见图3-4）。罗森塔尔效应，

图3-4　罗森塔尔效应

也称为"期望效应",指的是教师的期望能够激发学生的潜能,从而使得学生取得教师所期望的进步。在团队管理中,罗森塔尔效应同样存在。当管理者对团队成员持有积极的期望,并通过沟通和指导将这种期望传达给团队成员时,他们会受到激励,更有可能实现甚至超越期望。

"责任分散效应"表明,在群体环境中,个体往往会认为责任由群体共同承担,从而导致个体对任务的责任感降低、行动力减弱。就像在课堂上,当老师提问时,很少有学生会主动举手回答,因为学生觉得回答的责任可以分散给其他同学(见图3-5)。然而,当老师点名指定一个学生回答时,即使那个学生回答得不是很流畅,他也会尽力给出答案,因为此时责任已经明确到了他个人身上。

在团队或组织中,同样存在这样的现象。如果任务或职责不明确,团队成员可能会相互推诿,导致任务无法得到有效执行。因此,通过明确每个人的任务和职责，可以减少责任分散效应，确保每个团队成员都投入到目标的实现过程中。这样，团队的凝聚力和执行力都会得到提升，推动团队向共同的目标努力前进。

图 3-5　责任分散效应

如何有效激励下属，让他们肯干爱干

场景一：下属缺乏工作动力，怎么办

在团队管理过程中，我们可能会面临下属缺乏工作动力的情况。他们可能会表现出对待任务的消极态度，缺乏主动性和创造性。这种情况对团队的整体效能和氛围都会产生不良影响。

沟通策略

想要有效激励缺乏工作动力的下属，让他们重新点燃工作热情，我们可以采用以下沟通策略（见图 3-6）。

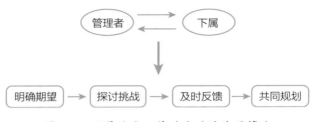

图 3-6　下属缺乏工作动力时的沟通策略

- 明确期望：与下属进行一对一的沟通，清晰、具体地传达对他们工作的期望，让他们明白自己的工作目标和团队、公司的整体目标之间的联系，以及实现这些目标的重要性。

- 探讨挑战：鼓励下属分享他们在工作中遇到的挑战和困难，以及他们对解决问题的看法和建议。这种开放的沟通方式能够提升下属的参与感和主动性，让他们感受到自己的意见和想法被重视。

- 及时反馈：给予下属具体、及时的工作反馈，让他们了解自己的工作表现，知道如何改进。正面的反馈能够增强下属的自信心和工作动力，而建设性的批评则能帮助他们识别并改正错误。

- 共同规划：与下属一起制订个人和团队的发展规划，明确未来的目标和可能的机会。这种共同规划的过程能够让下属看到自己的成长路径，从而激发他们长期的工作动力。

场景应用

团队成员小张最近表现出明显的工作懈怠。作为团队领导，你可以采用上述沟通策略来激励他：

你约见小张，表达了你对他的工作期望："小张，我一直很欣赏你的能力，觉得你有潜力。在接下来即将启动的新产品推广项目中，我希望你能主动站出来，承担更多的责任，比如负责与客户沟通、协调项目进度等。我相信，通过你的努力，这个项目一定能取得更好的市场反响。"（明确期望）

你继续耐心地与小张一起探讨他近期在工作中遇到的挑战："小张，我注意到你这段时间似乎有些力不从心。能不能跟我说说，你在新产品推广项目中都遇到了哪些困难？我们一起找找解决办法。"小张听后，坦诚地分享了他的困扰，比如客户反馈不积极、项目进度滞后等，你们一起逐一分析，并共同制定了一些应对策略，比如调整推广策略、加强团队协作等。（探讨挑战）

在项目进行的过程中，你始终保持着与小张的密切沟通，定期给予他具体的反馈："小张，你在新产品推广项目中的表现真的很不错，特别是你在与客户沟通方面的努力，大家都看在眼里。不过，我注意到你在项目进度管理上还有提升的空间，如果你能在这方面多下功夫，比如制订更详细的计划、及时跟进进度等，相信你的表现会更加出色。"（及时反馈）

为了激发小张的长远动力，你与他一起规划他的职业发展路径："小张，你的能力和潜力我都看在眼里。未来，我希望你能在团队中扮演更重要的角色，比如成为项目负责人或者团队领导。只要你持续努力，不断提升自己的专业技能和领导力，我相信你一定能在团队中找到属于你的位置，实现你的职业价值。"（共同规划）

马斯洛需求层次理论

这一沟通策略的有效性可以用"马斯洛需求层次理论"来解释（见图3-7）。马斯洛需求层次理论由美国心理学家亚伯拉罕·马斯洛提出，是关于人类需求层次的理论。该理论指出，人有不同层次的需求，从基本的生理需求（如食物、水、睡眠等）逐步升级到安全需求、爱与归属需求、尊重需求和自我实现需求。每一层次的需求在得到满足之前都会成为个体行为的主要驱动力，而当一个层次的需求得到满足后，人就会追求更高层次的需求。

图3-7 马斯洛需求层次理论模型

在工作中，下属缺乏工作动力可能是因为他们的某些需求没有得到满足。通过明确期望、探讨挑战、及时反馈和共同规划等沟通策略，我们可以有针对性地满足下属的不同层次需求，如归属感、尊重感和自我实现等，从而有效地激发他们的工作动力。

场景二：下属对重复性工作感到厌倦，如何提振精神

在长期的团队合作中，有些下属可能会对重复性的工作感到厌倦，觉得自己的工作缺乏挑战和新意。这种情况不仅会影响他们的工作效率，还可能导致整个团队士气低落。

沟通策略

面对下属对重复性工作的厌倦，我们可以采用以下沟通策略（见图3-8）。

图 3-8 下属对重复性工作感到厌倦时的沟通策略

- 理解感受：真诚地倾听下属对工作厌倦的诉说，理解他们的感受，表达对他们的关心，并确认他们的工作确实存在重复性高的问题。

- 引入变化：考虑如何为下属的工作引入一些新的元素或变化，以增加工作的挑战性和趣味性。可以尝试调整工作流程、分配不同类型的任务，或者提供新的工具和资源来支持下属的工作。

- 赋予意义：强调工作的重要性和意义，让下属明白每一项工作都是团队和公司成功的关键。帮助他们看到自己的工作是如何与整体目标相联系的，并鼓励他们思考如何将自己的工作做得更好。

- 设立奖励机制：设立一些小的奖励机制，以表彰那些能够在重复性工作中保持高效和创新的下属。这种奖励可以是物质上的，也可以是精神上的，如公开表扬、提供更多的职业发展机会等。

场景应用

团队成员小李一直负责数据整理和报告工作，但最近他表现出了明显的厌倦情绪。作为团队管理者，你决定运用上述沟通策略来激励他：

你找了个契机，与小李进行了深入的交流。你温和地问道："小李，我注意到最近你似乎对数据整理的工作有些提不起劲。能和我分享一下你的感受吗？是有什么困扰或者挑战吗？"你耐心地倾听小李的倾诉，表达了对他的充分理解和支持："我能理解，重复性的工作确实容易让人感到枯燥。但请相信，你的努力对团队来说非常重要，我们一起来找找解决的办法。"（理解感受）

接着，你向小李介绍了一些新的工作方法和工具，旨在帮助他更高效地完成数据整理和报告工作："小李，我了解到有几个新的数据整理软件，它们能大大简化我们的工作流程、提高效率。我会安排培训，让你尽快掌握这些新工具。另外，我还准备引入一些更具挑战性的数据分析任务，这样你能进一步提

升自己的分析能力。"（引入变化）

　　在交流的过程中，你还不忘强调数据整理和报告工作的重要性和意义："小李，你知道吗？数据整理和报告工作就像是团队的'眼睛'，它帮助我们看清市场的趋势，为公司的决策提供依据。你的每一份报告，都可能直接影响到团队的策略和公司的业绩。所以，你的工作真的非常重要，不可或缺。"（赋予意义）

　　最后，为了进一步激发小李的工作热情，你决定设立一个月度优秀员工奖："小李，为了表彰在工作中表现出色的团队成员，我决定设立一个月度优秀员工奖。每个月，我们都会根据大家的工作表现评选出一位优秀员工，并给予相应的奖励。我相信，只要你保持努力，这个奖项一定会属于你。"（设立奖励机制）

　　通过这些细致入微的沟通策略和激励手段，小李的工作热情得到了显著提升。他开始主动探索更多创新的工作方法，他的数据整理和报告工作也变得更加高效。

工作丰富化

这一沟通策略的有效性可以从"工作丰富化"的角度来解释。工作丰富化是在工作中赋予员工更多责任、自主权和控制权，以更好发挥其潜能的现象。

理解感受、引入变化、赋予意义和设立奖励机制等沟通策略，实际上是在为下属的工作增加丰富性。这样做不仅可以缓解下属对重复性工作的厌倦情绪，还能激发他们的创造力和主动性，从而提升整个团队的效能和氛围。

被下属当面顶撞，如何巧妙回应

在工作中，即使是经验最丰富的管理者，也可能遭遇下属当面顶撞。这种情况往往考验的是管理者的应变能力和管理智慧。当面对下属的质疑或反驳时，如何巧妙回应，既能维护自己的权威，又不伤害团队的和谐氛围，这是一门重要的领导艺术。

沟通策略

面对下属的顶撞，管理者可以采用以下沟通策略来巧妙处理（见图 3-9）。

图 3-9　被下属顶撞时的沟通策略

- 保持冷静：管理者需要保持冷静和理智，避免被情绪左右。不要立即反驳或发火，而是给自己和对方一些时间来冷静思考。

- 倾听和理解：认真倾听下属的意见和批评，试图理解他们的立场和观点。这有助于建立信任和尊重，同时也能更好地了解问题的本质。

- 有效反馈：在倾听之后，管理者需要给出有效的反馈。可以先对下属的观点表示认同和理解，然后提出自己的看法和解释。注意语气要平和，表述要客观，避免情绪化的言辞。

- 寻求共识：管理者需要与下属一起寻求共识和解决方案。通过开放的讨论和协商，找到双方都能接受的解决方案，从而推动工作顺利进行。

场景应用

在部门的一次重要会议上，小 C 作为管理者，满怀信心地提出了一个新的项目方案。然而，方案刚被提出来，就遭到了下属小 B 的强烈反对和毫不留情的批评。面对这样的局面，小C运用以上沟通策略，展现出了出色的领导力和沟通技巧。

首先，小C保持冷静，没有因为小B的直言不讳而立即反驳或动怒。他深吸一口气，让自己平静下来，准备以开放的心态接纳不同的声音。（保持冷静）

接着，小C让小B把自己的想法都表达出来，试图理解其立场和观点。小C说："小B，你的意见很重要，我想先听听你具体有哪些担忧。"倾听的过程中，小C眼神专注，不时记下小B提到的关键点和担忧。（倾听和理解）

在充分倾听了小B的意见后，小C给出了有效的反馈："我理解你对这个项目方案的担忧，特别是关于预算和执行难度的部分。确实，我们在制订方案时还需要更加细致和周全。你的意见很有价值，我们会认真考虑你的意见，并做出相应的调整。"（有效反馈）

为了达成共识，小C主动邀请小B一起讨论并修改项目方案。他说："小B，既然我们有了这些宝贵的反馈，不如一起坐下来，针对你的担忧，对方案进行一些修改和完善。我相信，通过我们的共同努力，一定能够制订出一个更加合理、可行的项目方案。"（寻求共识）

在小C的积极引导和耐心沟通下，小B也逐渐放下了戒备心，开始积极参与项目方案的修改和讨论。最终，两人达成了共识，共同呈现出一个更加完善、更具可行性的项目方案。

刺猬效应

巧妙处理下属顶撞的方法与"刺猬效应"相契合（见图3-10）。刺猬效应形象地说明了人际交往中的心理距离效应：两只刺猬因寒冷而靠拢，但保持适当的距离，不至于被彼此刺伤。这一效应启示我们，管理者与下属之间也应保持"亲密有间"的关系。

图 3-10　刺猬效应

　　面对下属的顶撞，管理者不应过于亲近或疏远，而应像刺猬一样找到既能保持温暖又不会刺伤彼此的适当距离。通过倾听、理解和有效反馈，管理者可以展现对下属的尊重和理解，同时维护自己的权威和原则。这种沟通方式避免了直接的冲突和伤害，使得双方都能在舒适的环境中寻求共识和解决问题。同时，这也强调了管理者的自我修炼和沟通技巧的重要性，通过不断学习和实践，管理者可以更好地应对各种复杂情况，提升团队效率和凝聚力。

不得已让下属加班，如何巧妙化解抵触情绪

在工作中，有时出于项目进度、突发事件或客户需求等原因，我们可能不得不要求下属加班。然而，加班往往会引发下属的抵触情绪，进而影响团队氛围和工作效率。那么，如何在这种情况下巧妙地化解下属的抵触情绪呢？

沟通策略

为了巧妙化解下属因加班产生的抵触情绪，我们可以采用以下沟通策略（见图 3-11）。

图 3-11　不得已让下属加班的沟通策略

- 阐明紧迫性：清晰地向下属传达加班的紧迫性和重要性，让下属明白现在是团队面临的关键时刻，他们的每一分努力都至关重要。
- 共鸣式沟通：与下属进行心与心的交流，不仅要解释加班的必要性，还要倾听他们讲述自己的顾虑和难处。这种共鸣式沟通能够拉近彼此的距离，让下属感受到管理者对自己的理解。
- 平衡激励：为了缓解下属的抵触情绪，可以提供一些平衡的激励措施，如额外的项目奖金、调休或其他形式的补偿。这样的激励不仅是对下属付出的认可，也是对他们努力工作的鼓励。
- 温馨关怀：在加班期间，关注下属的工作状态和身心健康，提供必要的支持和帮助。一句温暖的问候、一杯热腾腾的咖啡，都能让员工感受到团队的温暖和关怀。

场景应用

项目经理小李深知当前项目的紧迫性，决定与团队成员小张进行一场坦诚而深入的沟通，以动员他加班完成这项至关重要的任务。

小李首先向小张清晰地阐明了加班的重要性："小张，我想和你聊聊我们正在进行的这个项目。如果我们能按时交付，不仅能为公司带来巨大的商业价值，还能进一步巩固公司的市场地位。你的努力对我们来说至关重要。"（阐明紧迫性）

接着，小李试图站在小张的角度考虑问题："我完全理解，加班确实会给你带来一些不便，无论是生活上的还是精神上的。但请相信，我会尽我所能为你提供支持，比如协调资源、解决难题，确保你能在加班期间高效地完成工作，尽量减少加班对你的影响。"（共鸣式沟通）

为了进一步激励小张，小李还给出了实质性的承诺："小张，这个项目一旦完成，我会立即为你申请加班费，以及相应的调休时间。你的付出和努力，公司都会看在眼里、记在心上。"（平衡激励）

在加班的过程中，小李始终关注小张的工作进展和感受。他定期与小张沟通，了解工作进度和遇到的困难，及时提供必要的帮助和支持。每当小张感到疲惫或压力大时，小李都会给予关怀和鼓励，让他感受到团队的温暖和力量。（温馨关怀）

通过这一系列细致入微的沟通策略和激励措施，小张的工作热情得到了显著提升，他全身心地投入项目，最终与团队一起成功完成了这项重要任务。

社会交换理论与阿伦森效应

这一方法蕴含着"社会交换理论"，也利用了"阿伦森效应"。社会交换理论认为，人际交往中的行为是基于互惠和交换的原则（见图3-12）。在要求下属加班时，我们通过阐明紧迫性、共鸣式沟通、平衡激励、温馨关怀，实际上是在进行一种社会交换。我们提供给员工额外的报酬和关怀支持，以换取他们的加班付出。这种交换关系能够减轻员工的抵触情绪，因为他们感受到了公平和尊重，同时也得到了实质性的回报。

图 3-12 社会交换理论

阿伦森效应指出，随着奖励增加，人的态度会逐渐变得积极；反之，如果奖励减少或撤销，人的态度则会逐渐变得消极。因此，在要求下属加班时，我们不仅要提供适当的激励，还要根据员工的表现和项目的进展，逐步增加激励措施。这样可以让员工感受到他们的付出得到了持续的认可和回报，从而进一步激发他们的积极性和工作动力。

下属资历深不服管，如何推进工作

在项目管理中，面对资历深的下属，如何有效地布置工作并确保其顺利执行，往往是一项考验管理者智慧的挑战。特别是当这些资历深的下属因习惯或自信而对新的工作安排持有抵触情绪时，更需要我们运用巧妙的沟通技巧和策略，以尊重和理解为基础，引导他们融入团队，共同推动项目的成功。

沟通策略

面对资历深的下属，为了更好地推动工作安排，我们可以采用以下沟通策略（见图 3-13）。

图 3-13　下属资历深不服管的沟通策略

- **建立尊重**：承认并尊重资历深的下属的专业经验和贡献，表达对其工作能力的认可。这不能仅仅是一句简单的口头表扬，而是要具体提及他们在过往项目中的成功案例、对团队文化的积极影响以及他们个人独特的价值所在。通过这样真诚的认可，为后续的沟通奠定一个良好的基础，让资历深的下属感受到被重视和尊重。

- **深入沟通**：与资历深的下属进行深入的对话，从他们的视角出发，理解他们的关切点。重点讨论当前工作的重要性、目标，明确他们作为资深成员在团队中的关键作用。通过展示如何将他们的经验与团队目标相结合，增强他们的参与感和归属感。

- **寻求共识**：在阐明变化之后，邀请资历深的下属参与到讨论中来，共同探索如何将他们的丰富经验和专业知识融入新的工作方法。管理者应鼓励他们分享自己的看法和建议，通过开放式的对话，寻找双方都能接受的解

决方案。这种参与感不仅能够增强资历深的
下属的归属感，还能激发他们的积极性和创
造力，为团队带来意想不到的创新思路。

- 提供支持：在实施新工作方法或策略的初期，
  要确保为资历深的下属提供全方位的支持。
  这可能包括必要的培训、资源、技术辅助或
  是情感上的鼓励。重要的是，要让他们知道，
  在这个过程中，无论遇到什么困难或挑战，
  团队都是他们坚实的后盾。通过持续的沟通
  和反馈，及时调整支持措施，确保资历深的
  下属能够顺利适应，继续发挥他们的优势，
  带领团队向前发展。

场景应用

在你所负责的新项目中，遇到了这样一位资深
团队成员——张工。他经验丰富，技能深厚，在团队
中颇受尊敬。但随着项目需求的变化和技术迭代，团
队需要引入新的工作方法和流程，而张工对此持保留
态度。为了有效沟通并引导他接受新安排，你可以这

样说：

张工，您在这个行业里的丰富经验和深厚专业知识，对我们团队来说是非常宝贵的财富。我们都很感激您一直以来的贡献。（建立尊重）

不过，随着市场的快速变化和技术的不断更新，团队也需要与时俱进。有些工作方法和流程可能需要做些调整，以适应新的需求。我知道这对您来说可能意味着一些新的挑战，但我相信，凭借您的专业能力和多年的经验，您一定能够迅速适应并掌握这些新的工作方法和流程。（深入沟通）

为了让我们团队更好地前进，我希望我们能一起探讨一下，如何结合您的经验和专长，找到最适合团队的新工作模式。您的意见和建议对我来说非常重要，我会认真听取并考虑。（寻求共识）

当然，在实施新工作模式初期，我们会为您提供必要的培训和支持。如果您在工作中遇到任何问题或困难，都请随时告诉我，我会尽力协助您解决。（提供支持）

破窗效应

"破窗效应"源于1969年美国心理学家菲利普·津巴多的一项实验。他放置了两辆外观相同的汽车在不同社区,放在杂乱社区的汽车顶棚被打开,车牌也被摘掉,放在中产社区的汽车保持原样。放在杂乱社区的那辆汽车很快便被偷走,在中产社区的那辆无人理睬,但是在津巴多故意破坏车窗后,很快也被盗。以这项实验为基础,威尔逊和凯林提出破窗理论,即环境中的不良现象如果被放任存在,会诱使人们效仿,甚至变本加厉(见图3-14)。

图 3-14　破窗效应

在团队管理中，资历深的下属不服管就如同团队的破窗，若管理者忽视这个问题，其他下属可能会效仿，破坏团队纪律和氛围。因此，管理者需高度重视，通过有效的沟通策略，及时化解抵触情绪，引导团队融合。同时严格制止不服管的行为，防止破窗效应，确保团队稳定和高效，推动项目成功。

下属犯错，如何管理不伤和气

场景一：下属小错初现，如何妥善引导

在团队管理中，面对下属犯错，如何有效地指正而不伤团队和气，是每个管理者都需要掌握的艺术。特别是当这些错误虽然不是特别严重，但是可能影响到项目的进度或团队的效率时，更需要我们运用智慧的方法，以理解和引导为基础，帮助下属认识并改正错误，同时保持团队的和谐氛围。

沟通策略

面对下属犯的小错，为了有效地指正并保持和气，我们可以采用以下沟通策略（见图 3-15）。

图 3-15　下属小错初现时的沟通策略

- 明确问题：以一种平和而清晰的方式，具体指出下属所犯的错误。确保描述准确无误，避免含糊其词，这样可以帮助下属确切地理解问题所在，也为后续的沟通打下基础。

- 表达理解：表达对下属犯错的理解、工作态度的肯定，强调其日常工作的努力和对团队的贡献。这有助于缓解下属因犯错而产生的紧张情绪，让他们感受到即使犯了错，他们的努力和价值也是被看见的。

- 引导反思：借鉴人际关系大师哈维·麦凯的智慧，通过提问的方式引导下属进行自我反思："如果你是我，你会怎么说呢？"这样的方式能够激发下属主动思考，促使他们从更广阔的视角审视问题，增强自我改进的意识。

- 共同解决：与下属共同探讨如何防止类似错误再次发生。鼓励下属提出自己的想法和建

议，共同制定具体的改进措施，确保双方都
对解决方案有清晰的认识，并且达成共识。
同时，强调团队是一个共同成长的集体，每
个人都可以从错误中学习，变得更加优秀。

场景应用

你发现下属小李最近在项目中出了一些小错，虽
不严重，但若不纠正，可能会给项目带来风险。考虑
到直接指责可能会伤他自尊，破坏团队氛围，所以得
找个既能指出问题又不伤和气的办法：

你可以首先明确指出他在项目中犯的具体错误：
"小李，我在审核最近的数据整理工作时，发现你在
将上周的客户反馈数据录入客户关系管理（CRM）系
统时，有几条记录的姓名和联系方式出现了不匹配的
情况，比如张先生的电话号码错写成了李女士的。"
（明确问题）

接着，你要表达对他的理解和认可，以此来缓解
紧张气氛："我知道你最近为了赶进度加班加点，为
团队付出了很多努力。这些错误可能是由疏忽造成

的，但数据的准确性对项目至关重要，所以我们得一起正视这个问题，找出解决的办法。"（表达理解）

然后，你通过提问引导他进行自我反思："你觉得我们可以采取哪些措施来确保以后不再发生类似的错误呢？"这样的方式，不仅让小李有机会从管理者的视角审视自己的错误，还可以激发他的责任感和解决问题的主动性。（引导反思）

最后，你们共同讨论并制定一套具体的改进措施："让我们一起想想，比如是否可以增加一个复核的环节，或者在数据录入前后进行自动化校验，以此确保信息的准确性。你在这方面有什么建议或者更好的想法吗？"通过这样的沟通方式，你不仅可以有效地指出小李的错误，还可以促进团队合作，共同为项目的顺利进行找到解决方案，同时也可以维护团队的和谐氛围。（共同解决）

南风效应

"南风效应"源自一则寓言，讲的是北风和

南风比威力，看谁能把行人身上的大衣脱掉。北风吹了一阵冷风，结果行人为了抵御北风的侵袭，把大衣裹得更紧了；南风则徐徐吹动，使行人感到温暖，从而主动脱掉了大衣（见图3-16）。这则寓言后来成为社会心理学的一个概念，被称为"南风效应"。

图3-16　南风效应

在团队管理中，南风效应同样存在。面对下属犯错，严厉指责和惩罚往往会让其产生抵触情绪，甚至影响整个团队的氛围。相反，采用温和、关怀的方式，更容易让下属认识到自己的错误，并主动改正。

场景二：下属犯下严重错误，如何妥善处理

即使是最优秀的下属也有可能犯下严重的错误。当这种情况发生时，管理者需要采取更为严谨和果断的措施，同时要保持冷静和公正，以避免对团队造成更大的负面影响。

沟通策略

面对下属犯下严重错误，我们可以采用以下沟通策略（见图 3-17）。

图 3-17　下属犯下严重错误时的沟通策略

- 耐心倾听：耐心且全神贯注地倾听下属的解释，使用鼓励性的话语引导下属充分表达。

- 明确表达：以客观、冷静的态度明确指出错误的严重性，避免情绪化或攻击性的语言，保持专业和尊重。

- 共同探讨：提出开放性问题，鼓励下属参与

解决方案的讨论。与下属一起制定具体的补
救措施和预防策略，确保双方对解决方案达
成共识。

- 正面激励：在下属提出有效建议或展现出改
  正错误的决心时，给予及时的正面反馈，并
  且强调团队的支持，以增强下属的信心和
  动力。

场景应用

下属小李因为一时疏忽，不慎让一份包含关键
客户信息的文件外流。得知此事后，你立即找到了小
李，没有急于责备，而是耐心地坐下来，倾听他对整
个事件的解释，并让他详细叙述了信息泄露的具体情
况，包括泄露的时间、方式以及可能涉及的客户范
围。（耐心倾听）

听完小李的详细叙述后，你神情严肃但语气平
和地表达了对客户信息保密工作的高度重视："小李，
你知道的，客户信息保密是我们业务的核心之一。这
次信息泄露，可能会严重损害我们与客户之间的信任

关系，甚至影响到团队的整体信誉。"（明确表达）

紧接着，你与小李一起深入探讨了如何妥善处理这一紧急状况，特别是如何以最妥当的方式通知受影响的客户，并确保他们了解你们正在采取的措施，以此减轻他们的担忧。你提议道："我们来详细讨论一下，是通过一对一的电话沟通，还是发送一封正式的道歉信并附上我们的补救措施，抑或是结合这两种方式来通知客户？同时我们也得想想，从长远看，怎样加强我们的信息安全管理，才能有效防止这类事件再次发生。"（共同探讨）

在讨论的过程中，你始终保持着对小李的正面激励，用鼓励的话语表达了对他的信任和支持："小李，犯错没关系，只要能从中吸取教训、总结经验，个人是可以从中获益的！"（正面激励）

罗森塔尔效应

在处理下属犯下严重错误的情况时，罗森塔尔效应提供了重要的启示。个体的行为会受到他人期望和信念的强烈影响。特别是当个体感受到来自权威人士（如领导）的积极期望时，他们往往会更加自信，表现出更高的自我价值和能力，从而更有可能实现甚至超越期望。

1968 年，罗森塔尔和雅各布森进行了一项实验。他们随机挑选了一些学生，并告知校方，这些孩子被鉴定为具有"学业冲刺"潜力（见图 3-18）。尽管实际上这份学生名单是随意拟定的，但在学末测试时，这些学生的成绩显著提升。

图 3-18 罗森塔尔效应

　　因此，当下属犯下严重错误时，作为管理者，我们的态度和反应将对下属产生深远的影响。通过表达对下属的信任和期望，我们能激发他们的内在动力，使他们更愿意承担责任，积极寻求改进。

CHAPTER 4

4

第四章

会议发言

在职场中，会议是一个难得的公开表达场域。在这里，管理者的每一句话都可能成为团队前行的指引，管理者的每一次表达都在塑造自己的职场形象。会议发言，不仅是一个简单的信息传递过程，更是一个展现自我、推动工作和塑造职场形象的重要机会。

想象一下，我们在会议上以清晰有力的语言阐述观点，逻辑严谨地分析问题，自然会带有一种权威性和说服力。这样的发言，不仅有可能推动那些平时难以推动的事情，更能让其他人对我们的工作能力有一个清晰且正面的认识。

通过我们清晰有逻辑、自信而从容的表达，以及对工作的深刻理解和精准把控，大家会自然而然地形成一个统一的认知：你是一个工作有章法、表达有逻辑的人。这样的认知，无疑会给我们的职场生涯大大加分，也可以帮助我们塑造干练、专业的职场形象。

会议发言，可以说是一次全方位的职场能力展示。它不仅仅要求我们具备良好的语言表达能力和逻辑思维能力，而且要求我们具备深厚的专业素养和敏锐的洞察力。因此，我们需要充分认识到会议发言的重要性，珍惜每一次在会议上表达的机会。

在本章中，我们将深入探讨如何克服会议发言中的紧张情绪、如何组织清晰且有逻辑的发言、如何得体地提出自己的观点、如何做好会议主持，以及如何确保会议成果有效落实。希望这些实用的技巧和沟通策略能帮助你更好地掌握会议发言的艺术，为你的职场生涯添砖加瓦。

让我们一起跳出私下交流的局限，学会在公开的会议场合中自信、从容地表达自己。通过不断提升会议发言的能力，我们将能够更有效地推动工作进展，塑造积极的职场形象，为团队的成功贡献自己的力量。

发言准备：如何克服当众发言的紧张心理

场景一：因过度关注自我表现而导致的紧张，如何解决

在准备当众发言时，许多人常常因为过度关注自我表现而感到紧张，担心自己的每一个小失误都会被听众无限放大。这种心理现象符合"聚光灯效应"。然而，通过培养利他心态，我们可以有效地缓解这种紧张感。

沟通策略

为了克服因过度关注自我表现而导致的紧张，我们可以采取以下沟通策略（见图 4-1）。

图 4-1 克服因过度关注自我表现而导致紧张的沟通策略

- **转移注意力**：将关注点从自我转移到听众身上，思考如何为听众提供有价值的信息和帮助。

- **培养利他心态**：培养一种以听众为中心的心态，关注听众的需求和兴趣，思考如何使发言内容对听众有益。

- **正面心理暗示**：告诉自己听众更关心的是我们的观点和信息，而不是我们的小动作或言语。这种心理暗示有助于减轻对自我表现的过度关注。

- **深呼吸与放松**：在发言前进行深呼吸，放松身心，帮助自己进入更加冷静和自信的状态。

场景应用

想象一下，你马上就要在一个重要的行业会议上发言了，因为紧张，心脏像揣着只小兔子一样怦怦直跳。别担心，这时候你可以试着用下面的方法来缓解紧张情绪：

首先，试着把注意力从自己身上移开，放到听众那边去。想想他们可能会关心什么话题，对哪些内容感兴趣，或者他们正面临什么样的挑战、有什么需求。这样一来，你的思绪就不再只围绕着自己的表现了。（转移注意力）

其次，要明白你发言的真正目的。你不是为了炫耀自己的才华，而是为了给听众带去实实在在的价值。你的发言可能是他们解决问题的关键，也可能是他们获取新知识和信息的重要途径。这么一想，你是不是觉得自己的发言更有意义了呢？（培养利他心态）

再次，给自己一些正面的心理暗示。比如，你可以在心里默默告诉自己："我准备得很充分，我的发言对听众来说是有帮助的，他们会认真听我说的。"这样的暗示能够增强你的自信心，让你从容不迫。（正面心理暗示）

最后，别忘了做几次深呼吸来放松一下。深吸一口气，感受空气充满胸腔，如果可以，让你的气息下沉至腹部，然后慢慢呼出来，重复几次。这样做可以帮助你缓解紧张情绪，让身心都放松下来。（深呼吸与放松）

用这些策略来调整自己的状态，相信你一定能够在行业会议上有精彩的表现。

聚光灯效应与利他心态

当众发言时，我们往往会陷入"聚光灯效应"，认为自己的每一个小失误都会被听众无限放大（见图4-2）。然而，实际上听众更关注的是发言的内容。这告诉我们，不需要过分担心自己的表现。就像一只脚穿一种颜色的鞋子上街，本以为会被人们嘲笑，其实根本没有多少人注意到这回事。

因此，通过培养利他心态，我们将关注点从自我转移到听众身上，思考如何为听众提供价值。这种心态不仅有助于缓解紧张情绪，还能使我们的发言更加贴近听众需求，更具说服力。当我们专注于满足听众的需求时，我们的紧张感自然会减轻，发言也会更加自然和流畅。

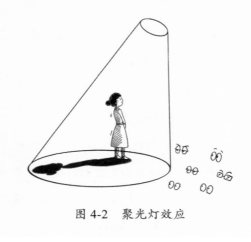

图 4-2　聚光灯效应

场景二：因内容准备不充分而导致的紧张，如何解决

除了过度关注自我表现外，内容准备不充分也是导致当众发言紧张的常见原因。当我们内容准备不充分或对内容缺乏信心时，很容易在发言过程中感到紧张不安。

沟通策略

为了避免因内容准备不充分而导致的紧张，我们可以采取以下沟通策略（见图4-3）。

图 4-3　避免因内容准备不充分而导致紧张的沟通策略

- 提前准备：在发言前充分了解发言主题和听众背景，明确发言目的和要点。通过查阅相关资料、整理思路、撰写发言稿等方式来确保自己对发言内容有充分的准备。

- 模拟训练：进行模拟训练，熟悉流程和节奏，发现自己的不足之处并改进。进行模拟训练时，主要模拟的是发言场景和流程。可以设定一个发言场景，比如会议室、报告厅或是线上会议平台，以营造出真实的发言氛围。在流程上，从开场白、主题阐述、论据支持、互动环节到结束语，每一步都要认真模拟，确保自己对每个环节的衔接和时间分配有清晰的把握。

- 脱敏训练：通过多次面对类似的情境或挑战，逐渐降低对紧张刺激的敏感度。例如，可以多次在镜子前或在小范围内练习发言，逐渐适应在公众面前发言的情境。

场景应用

想象一下，你即将在团队会议上就新项目发表报告，但因为时间太紧，你害怕准备得不够充分，心里不由得紧张起来。别担心，这时候你可以按照以下策略来逐步缓解紧张情绪，并做好充分准备：

首先，你得提前了解会议的议程安排，知道你的发言在哪个环节，以及听众的背景信息，比如他们是谁、对新项目的了解程度如何。这样，你就能更准确地把握发言的目的和要点，确保你的报告能够贴近听众的需求。然后，快速整理一下你的思路，明确你要讲的主要内容，并撰写一个简要的发言稿。这个发言稿可以包括一个大标题，概括你的报告主题；一个发言稿大纲，列出你要讲的几个关键点；在每个关键点下面，简要注明你要讲的具体内容。这样，你的发言就有了清晰的框架。

比如大标题是"新项目进展报告"，下设几个关键点，包含项目背景、当前进展、遇到的问题和解决方案、下一步计划等。然后每个关键点都简要列出几个要点信息，这样你在发言时如果需要参考，就可以快速找到相应内容了。（提前准备）

接下来，进行模拟训练是非常关键的。你可以找一个安静的地方，或者请同事帮忙配合你训练。在模拟训练过程中，尽量熟悉发言的流程和节奏，注意自己的语速、音量和语调。同时，也要发现自己的不足之处，比如哪些地方表达不够清晰，或者哪些地方需要补充更多细节。每次模拟训练后，都要进行反思和改进，让你的发言更加完善。（模拟训练）

最后，通过多次的模拟训练，你可以逐渐降低对紧张刺激的敏感度，这就是脱敏训练的过程。刚开始模拟训练时，你可能会感到很紧张，但随着模拟训练次数的增加，你会发现自己越来越从容不迫。你可以尝试在不同的场合和环境中进行练习，比如在家里、

在办公室，甚至在户外等。这样，当你真正在团队会议上发表报告时，你就会感到更加自信和放松。（脱敏训练）

> **脱敏**
>
> 在心理学中，脱敏是指个体减少对某种刺激或情境的敏感度和反应强度，从而达到消除焦虑或恐惧的目的。
>
> 通过多次模拟训练，我们可以逐渐降低对紧张刺激的敏感度，从而在正式发言时从容不迫地表达自己的观点和想法。这种脱敏练习不仅有助于缓解紧张情绪，还有助于提升我们的当众发言能力和自信心。

一个万能策略，让会议发言清晰、有逻辑

会议发言是我们展现自己、影响团队的重要方式。然而，很多人在会议发言时常常逻辑混乱，让人不知所云。为了让会议发言清晰有逻辑，下面介绍一个万能策略，能让我们轻松组织语言，高效表达。

沟通策略

为了让会议发言清晰有逻辑，我们可以遵循以下沟通策略（见图 4-4）。

图 4-4　会议发言清晰有逻辑的沟通策略

- 总论点确定：明确表达自己的核心观点或主

张,为整个发言定下基调。

- 分论点拆分:将总论点拆分为几个具体的分论点,分别进行阐述,以支持总论点。我们可以从不同方面入手,将总论点拆分为针对这些具体方面的分论点;可以按照时间顺序或逻辑顺序,将总论点拆分为按步骤或层级展开的分论点;可以从正反两面或对比的角度来拆分分论点,通过对比不同观点或情况来强化总论点的说服力。这样的拆分有助于更全面地探讨问题,使发言更加深入细致。

- 论据支持:针对每个分论点,提供具体的论据或数据支持,增强分论点的可信度。

- 总结强调:在发言结束时,对总论点进行强调,确保听众能够明确我们的核心观点。

场景应用

你正在参加一个关于项目进度的会议,需要发言,你可以这样说:

关于当前项目的进度情况(总论点确定),我个人认为我们面临三个关键挑战，需要引起大家的重视（分论点拆分）。

第一，任务分配方面显得有些模糊不清。这使得部分工作出现了不必要的重叠，甚至造成了资源的浪费。具体来说，有些任务被多个团队成员同时处理，而有的重要任务却无人问津，这无疑拖慢了我们的整体进度。（分论点一）

第二，团队沟通上存在不畅的问题。信息在团队成员之间的传递有时会出现滞后，导致大家不能及时了解到最新的项目动态或变更信息。这种情况不仅影响了决策效率，还可能因为信息传递的滞后而产生误解，进一步阻碍项目进度。（分论点二）

第三，我发现部分团队成员对项目目标的把握还不够深入，这在一定程度上影响了他们的工作效率。当大家对项目目标缺乏共识时，就很难形成合力，每个人可能都在按照自己的理解去工作，结果是南辕北辙，无法有效推进项目。（分论点三）

为了更具体地说明这些问题，我可以向大家展示我们最近的项目进度报告，以及从团队成员那里收

集到的反馈意见，这些都为我的观点提供了有力的支撑。（论据支持）

因此，针对以上问题，我建议我们要加强任务分配的明确性，确保每个人都清楚自己的职责所在；同时，也要改善我们的团队沟通机制，确保信息能够准确无误且及时地传递给每一位团队成员；另外，还应该定期组织项目目标解读会议，让大家对项目目标有更深的理解和认同，从而齐心协力，确保项目能够顺利推进、按时完成。（总结强调）

结构化思维

结构化思维是人类思维中的一个关键模式，凸显了人类大脑对条理清晰、结构化信息的青睐。研究显示，人类大脑更易于理解和记住那些被整理、被分类并且层次分明的信息。结构化思维的核心在于，将繁复的信息进行有序编排与组织，从而促进信息的理解与运用。本质上，人类大脑偏好逻辑严密、系统性强的信息，而结构化思维正是利用了这一特性，通过将信息构建得条理分明、井然有序，来辅助大脑实现更高效的理解与记忆。

举例来说，面对"菠菜、苹果、猴子、西蓝花、乌龟、菠萝、辣椒、香蕉、鲸鱼"这样一组无序的信息，若将其结构化处理为："蔬菜类：菠菜、西蓝花、辣椒；水果类：苹果、菠萝、香蕉；动物类：猴子、乌龟、鲸鱼"，信息的记忆与理解便会显著增强。

在职场中，这种思维模式尤为重要。通过运用结构化思维，我们能够将凌乱的想法和观点整理成清晰的发言内容，使得我们的观点更易于被听众理解和记住。这不仅可以提高沟通效率，更能够展现出我们的专业素养和逻辑思维能力。

临时被叫起来发言，如何组织语言

场景一：被领导点名要求发言

在公司重要会议上，即兴发言是不可或缺的环节。被领导点名要求发言，这不仅是对我们快速反应和精准表达能力的考验，更是一个展现自己观点和才华的机会。那么，我们怎样才能表现得既得体又自信呢？

沟通策略

面对突如其来的发言机会，我们可以尝试以下沟通策略（见图 4-5）。

图 4-5　被领导点名要求发言的沟通策略

- 惊喜式感慨：以惊喜的口吻表达自己对这次发言机会感到意外和感激。如："哇，非常感谢大家给我这个机会，让我分享我的想法。"

- 学习式夸赞：可以夸赞之前的讨论或发言给自己带来了启发，表示自己受益匪浅。如："特别是小 A 的提议，让我看到了问题的另一面。"

- 谦虚式表达：以谦虚的态度表达自己的观点，并强调这只是个人看法，希望得到大家的补充和指正。如："关于这个问题，我有一点不成熟的看法想和大家分享。我认为……当然，这只是我的初步想法，还不完善，非常期待大家的意见和建议。"

场景应用

在一次关于新产品市场推广策略的会议上，气氛热烈，讨论正酣。这时，李经理突然点名让小陈发表看法。小陈稍作思索，运用沟通策略，面带微笑地开始了他的发言：

真是没想到我突然被点名，能够分享自己的想法，我感到非常荣幸。（惊喜式感慨）

刚才听了各位同事的精彩发言，我深受启发。特别是张经理提到的关于目标客户群体的精准定位，我觉得这确实是我们推广策略的关键所在。（学习式夸赞）

在此基础上，我有个小小的建议。我认为可以进一步细化市场定位，针对不同年龄段和消费习惯的客户群体，制订更加个性化的推广方案。比如，对于年轻人，我们可以利用社交媒体平台进行互动营销；对于中老年人，则可以通过传统媒体和线下活动来增强品牌影响力。当然，这只是我的一些初步想法，还需要大家共同讨论和完善。我相信，在大家的共同努力下，我们的新产品一定能够在市场上取得成功！（谦虚式表达）

锚定效应

受锚定效应影响，人们在做出决策时，会受

到初始信息（即"锚"）的影响，后续的判断和决策往往会不自觉地偏向于这个"锚"。在这个场景中，被点名要求发言的员工可以利用锚定效应，通过首先表达惊喜和感激（即设定一个积极的"锚"），来为后续的观点表达创造一个积极、开放的氛围。这样，听众在接收和评估该员工的观点时，会更倾向于持开放和接受的态度。

在即兴发言时，开头的几句话至关重要，因为它们会"锚定"听众对我们后续所讲内容的接受程度。因此，采用惊喜式感慨作为开场，可以迅速抓住听众的注意力，并为后续的学习式夸赞和谦虚式表达奠定良好的基础。

场景二：管理者被下属邀请发言

作为管理者，在各种团队会议或活动中，经常会被下属邀请"讲两句"。这样的即兴发言是展现领导力、提升团队凝聚力的重要机会。如何在没有准备的情况下，给下属留下深刻印象，并有效地引导团队呢？

沟通策略

在被下属邀请发言的情境中，管理者可以遵循以下沟通策略（见图 4-6）。

图 4-6　管理者被下属邀请发言的沟通策略

- 轻赞：对团队会议或讨论中的某个亮点、观点或团队成员的表现给予简短而真诚的赞赏。这种赞赏应当是具体的、有针对性的，能够让被赞赏者感受到真诚的认可，同时也能激励其他团队成员。

- 重导：在赞赏之后，紧接着给出具体的方向指引、行动建议或下一步的计划。这一部分需要明确、具体，具有可操作性，以便团队成员能够清晰地知道接下来的工作重点和方向。

场景应用

李经理在一次部门例会上被邀请发言，他这样说：

首先，我得给小张点个赞。在今天的会议上，他分析客户需求时真是既敏锐又专业，这对我们后续工作太有帮助了。(轻赞)

我想着重说说我们接下来的行动方向。基于小张的出色分析，我们要更进一步，深入探讨怎么满足客户的这些需求。

为了具体落实，我给大家定了个小目标：下周例会上，咱们得拿出针对客户需求的具体解决方案，并且准备好汇报和讨论。为了实现这个目标，我建议小张带个头，组个小团队。在接下来的一周里，你们就专注于研究客户需求，制订出一套既创新又实用的解决方案。这样一来，下周例会上我们就能展示成果，让客户看到我们的进步。我相信，只要大家齐心协力，实现这个目标肯定没问题，咱们也能给客户提供更棒的服务！(重导)

阿伦森效应与洛克定律

"轻赞＋重导"这一沟通策略蕴含了阿伦森效应（见图4-7）和洛克定律的智慧。阿伦森效应反映出，人们最喜欢那些对自己的喜欢、奖励、赞扬不断增加的人或物。在实际运用中，管理者通过逐步递增的赞赏来增强团队成员的积极性和归属感。这种赞赏不是一下子给予太多，而是一点点增加，让团队成员感受到持续的认可和鼓励，从而激发他们的内在动力。

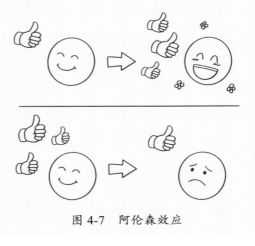

图 4-7 阿伦森效应

　　洛克定律强调，当目标既是未来指向的，又是富有挑战性的时候，它便是最有效的。在"重导"环节，管理者通过设定明确且具有挑战性的目标，为团队成员提供方向指引和行动建议。这种目标的设定不仅有助于团队成员清晰地知道接下来的工作重点和方向，还能够激发他们的积极性和创造力，共同推动团队目标的实现。

如何得体提出自己的观点

在会议讨论或职场沟通中，提出与主流看法不同的观点往往需要一定的策略，以确保观点在被接受的同时，不损害与他人的关系。特别是在面对领导或资历深的下属时，得体地表达不同观点，是一项重要的沟通技巧。

沟通策略

我们可以采用以下沟通策略来提出自己的不同观点（见图 4-8）。

图 4-8　得体提出自己的观点的沟通策略

- 理解认同：表达对对方观点的理解，并认同部分内容，这有助于建立沟通的信任基础。

- 塑造"共同敌人"：引入一个外部因素或"敌人"，将双方立场从对立转变为一致对外。这个"敌人"可以是公司面临的挑战、行业标准、市场趋势等。

- 提出具体问题：在具有共同敌人的背景下，具体阐述自己的观点和担忧。确保问题具体、客观，并与共同敌人相关联。

- 提供解决方案：提供解决问题的具体方案或建议。这些方案应针对提出的问题，并考虑到团队的实际情况和资源限制。

场景应用

在一次项目讨论会上，你发现团队计划中的某个环节可能存在预算超支的风险，而其他团队成员都对该环节持乐观态度。你这样说：

我完全理解我们团队对这个项目的热情和期待，特别是这个环节的创新性，确实令人兴奋。（理解认同）

不过，在与财务部的沟通中，我了解到他们最近对各部门预算的审核非常严格。如果我们在这个环节投入过多，可能会面临预算超支的风险，这不仅会影响项目的整体进度，还可能对整个部门的财务状况造成压力。（塑造"共同敌人"）

所以，我想和大家探讨：在保证项目质量不打折扣的前提下，我们能不能对这个环节的成本进行一些优化调整呢？（提出具体问题）

比如，我们可以考虑调整资源分配、寻找更具性价比的供应商，或者与财务部沟通，争取更多的预算支持。当然，这只是我的个人建议，我非常愿意听取大家的意见，并一起讨论出最佳的解决方案。（提供解决方案）

共同敌人效应

在提出不同观点时，"塑造共同敌人"的策略实际上触发了心理学中的"共同敌人效应"（见图4-9）。这一效应描述了当个体或群体面临一个共同的外部威胁时，他们之间的凝聚力和合作意愿会显著增强。

图 4-9 共同敌人效应

共同敌人效应的心理机制在于，当个体或群体面临共同的外部压力时，他们会自动形成统一的阵线，将注意力从内部差异和分歧转移到外部威胁上。这种转移不仅可以减少内部的冲突和矛盾，还可以促进彼此之间的合作与沟通，以便更有效地应对外部挑战。

所以在提出不同观点时，可以塑造一个外部

的共同敌人（如预算压力、行业标准等），利用共同敌人效应来增强说服力。同时，共同敌人效应还能够增强团队的凝聚力和向心力，促进更加紧密和有效的团队合作。

如何做好会议主持人

在当今快节奏的工作环境中，会议已成为企业决策、团队协作解决问题的重要方式。会议主持人不仅是流程的推动者，更是高效、积极氛围的营造者。做好会议主持并非易事，但只要掌握了关键的沟通技巧，并结合心理学原理，便能够游刃有余地驾驭任何一场会议。

沟通策略

我们可以采用以下沟通策略来做好会议主持（见图 4-10）。

图 4-10　做好会议主持人的沟通策略

- 定目标：清晰地设定会议的目标。这包括明确会议要讨论的主题、预期达成的结果以及会议议程。一个清晰的目标能够帮助我们更好地掌控会议的节奏和方向，确保会议能够高效地进行。
- 创氛围：会议的氛围对会议成功来说至关重

要。作为主持人，我们需要为整个会议创造一个轻松、开放和包容的氛围，可以通过幽默的言辞或者趣味话题来打破僵局，让与会者感到放松并愿意积极参与讨论。

- 导讨论：在会议过程中，我们需要有效地引导讨论。根据会议议程，适时地提出相关议题，并鼓励与会者发表自己的观点。同时，我们还需要注意平衡各方参与度，确保每个人都有机会发言，避免个别人垄断话语权。

- 应变化：尽管我们已经为会议做了充分的准备，但突发情况总是难以避免的。当遇到技术问题、争议或偏离主题等突发情况时，我们需要保持冷静并灵活应对。及时调整会议进程，确保讨论能够回到正轨并继续进行。

- 做总结：在会议结束时，我们需要对讨论的内容进行简要的总结。这有助于巩固会议的成果，并确保所有与会者对下一步的行动计划有明确的了解。同时，通过总结还能够及时发现可能存在的误解或遗漏，并予以纠正和补充，确保会议的顺利进行和预期目标的达成。

场景应用

作为一次项目进度会议的主持人，你这样展开会议：

"各位同事，早上好！非常感谢大家抽出宝贵的时间来参加本次项目进度会议。我们的核心目标非常明确：全面了解项目当前的进展，深入探讨在实施过程中遇到的各种问题和挑战，并集思广益，共同寻找最有效的解决方案。我们的最终目的，是确保项目能够按照既定的计划和时间表，顺利、高效地向前推进。"（定目标）

作为会议主持人，你可以通过一系列策略让本场会议的氛围更加活跃。你可以分享一个与项目相关的有趣故事或行业趋势，引起大家的兴趣。同时，运用肢体语言，如微笑、点头等，传递出友好和鼓励的信号。此外，为了打破沉默，你也可以在会议开始时设置一些简单的互动环节，比如让每个人用一句话介绍

自己负责的工作部分，或者快速分享一个项目中的小亮点。这些都能有效地促进与会者交流和参与。（创氛围）

在讨论环节，当注意到有些与会者相对沉默，没有积极参与讨论时，你可以主动出击，营造更加开放的讨论氛围："李工，您在项目执行方面有着丰富的经验和独到的见解，关于这个项目的进度和接下来的安排，您有什么看法或者建议吗？我们都很期待听到您的声音。"（导讨论）

当讨论开始偏离主题，或者讨论某些细节问题占用了过多时间时，你需要及时引导大家回归正题："大家的讨论确实非常热烈，也提出了很多有价值的观点。不过，为了确保会议的效率，我们还是将焦点重新回到项目进度和遇到的问题上来。请大家围绕这些核心议题，继续发表自己的看法。"（应变化）

若会议中突然出现技术故障等意外情况，你需要保持冷静，迅速做出反应："请大家少安毋躁，我们遇到了一点技术上的小问题。不过别担心，技术人员正在紧急处理，相信很快就会恢复正常。请大家耐

心等待一下，谢谢！"在意外情况发生时，你应立即与技术人员沟通，确保问题能够得到迅速而有效的解决。(应变化)

会议结束时，你可以这样进行总结和安排："今天的会议开得非常成功，我们共同回顾了项目的当前进度，针对存在的问题进行了深入的探讨，并提出了许多有价值的建议和解决方案。接下来，我们将根据这些讨论结果，对项目计划进行相应的调整和优化，以确保项目的顺利进行。在此，我要特别感谢大家的积极参与和贡献！同时，也请各部门按照今天的讨论结果，认真落实后续工作，确保项目能够按期、高质量地完成。"(做总结)

权威效应与从众心理

作为主持人，我们在会议中实际上扮演着一种权威的角色。根据心理学中的"权威效应"，人们往往更倾向于听从权威人士的意见和建议。因此，我们的言行举止会对与会者产生重要影响。

通过展现出自信、专业和热情，我们能够增强自己在会议中的影响力，从而更好地引导讨论和推动会议的进程。

此外，会议中的讨论也涉及"从众心理"。当大多数人倾向于某种观点或决策时，少数人可能会因感受到群体压力而选择跟随主流。作为主持人，我们需要注意平衡各方观点，鼓励独立思考和发表不同意见，以避免过度从众导致的决策失误。

CHAPTER 5

第五章

沟通进阶

　　无论是在职场还是社交场合中，有效的沟通都是成功的关键。然而，如今人们在这些场合中常常遇到各种沟通难题：我们难以理解他人的真实意图，面对突发事件不知所措，在谈判中失去主动权，缺乏自信与气场，难以拓展人脉等。为了解决这些痛点和难点，本章应运而生。

　　沟通不仅关乎职场成功，更影响着我们的日常生活质量。掌握了高阶沟通技巧，我们无论是在工作、社交还是表达时都能够更加游刃有余。这不仅能够提升我们的个人魅力，还有助于建立稳固的人际关系，进而在事业和生活中取得更多成就。

　　在本章中，我们将深入探讨一系列实用的策略和技巧：3F 倾听策略，教你如何真正听懂对方的弦外之音，从而建立更深层次的联结；情绪 ABC 理论，帮助你在面对突发事件时保持冷静，妥善应对各种挑战。

此外，我们还将学习三个策略，让你在谈判中轻松占据上风，掌握主动权；四个关注则助你自信满满、气场全开，在任何场合都能展现最佳状态；五个步骤教你如何打造属于自己的人脉圈，为未来的发展奠定坚实基础；七个高阶沟通技巧，全方位增强你的沟通软实力，让你在职场和社交场合中应对自如，成为备受瞩目的沟通高手。

通过这一章的学习，相信你能够更加自信、从容地面对各种场合，实现个人和职业生涯的更大成功。

现在，就让我们一起踏上沟通进阶的旅程吧！通过不断的学习和实践，我们将成为真正的沟通高手，让生活和工作更加美好。

3F 倾听策略，听懂对方的弦外之音

在复杂多变的职场环境中，有效的沟通不仅需要出色的表达能力，更离不开高效的倾听技巧。倾听，不仅仅是用耳朵听，还要用心去感受和理解。本节将介绍一种高效的倾听技巧——3F 倾听策略，帮助你深入理解他人的情绪和意图，从而做出更恰当的回应。

3F 倾听策略

3F 倾听策略包括三个核心要素：感受情绪（Feeling）、确认事实（Fact）、聚焦意图（Focus）。这一策略强调在倾听过程中，我们需要先感受对方的情绪，然后确认对方表达的具体事实，最后聚焦于对方的真正意图和需求（见图 5-1）。

图 5-1 3F 倾听策略

- 感受情绪：在对方表达时，要关注其情绪。通过语气、语速、表情等非言语信息，感知对方的情绪变化，并尝试理解其感受。
- 确认事实：在感受到对方的情绪后，需要仔细倾听对方的话语，确认其表达的具体事实。
- 聚焦意图：在确认事实的基础上，进一步聚焦于对方的真正意图和需求。通过深入分析对方的话语，探究其背后的动机和期望。

场景应用

你与领导沟通项目进展时，领导突然表示对项目进度不满，并催促你加快进度。此时，你可以运用 3F 倾听策略来回应：

1. 倾听阶段

- **感受情绪**：你注意到领导语气略显焦急，眉头紧锁，显然对项目进度感到担忧。

- **确认事实**：领导说："小王，这个项目进度怎么这么慢？客户已经开始催了。"你仔细倾听并确认领导提到的关键信息：项目进度缓慢和客户催促。

- **聚焦意图**：在倾听过程中，你逐渐意识到领导的意图是希望项目能够按时完成，以满足客户的需求。

2. 回应阶段

在理解了领导的情绪，明确了领导的意图后，你可以这样回应：

- **回应情绪**："领导，我完全能理解您对项目当前进度的担忧，尤其是考虑到客户那边在不断催促。"

- **回应事实**："确实，从目前的情况来看，我们的项目进度比起预期是有些滞后了。经过仔细分析，我们发现这主要是几方面因素导致的：一是近期遇到了一些技术上的难题，解决这些难题花费了比预期更多的时间；二是部分原材料的供应出现了延误，影响了生产进度；三是团队内部在任务分配上存在不协调，也在无形中拖慢了整体速度。"

- 回应意图："为了尽快扭转这种局面，我们已经紧急制订了一份详细的执行计划，明确了接下来的工作重点和时间节点。同时，我们也特别强调了团队内部的沟通和协作，确保每个团队成员都清楚自己的职责，并且能够及时获得所需的支持和帮助。

  我会亲自监督这份执行计划的落实情况，并且定期向您汇报项目的最新进展。如果遇到任何新的问题或挑战，我也会第一时间向您反馈，并寻求您的指导和支持。请相信，我们会全力以赴，确保项目能够按时完成，不负您的期望。感谢您的理解和支持，这对我们来说是非常重要的动力！"

同理心

3F 倾听策略蕴含着心理学中的"同理心"概念。同理心是指个体能够设身处地地理解他人的感受和需求，产生共鸣和共情。通过运用 3F 倾听策略，我们能够更好地感知对方的情绪，理解其意图，从而建立起更深层次的信任和合作关系。这种基于同理心的沟通方式不仅有助于解决当前的问题，还能够促进双方的长远合作和发展。

情绪 ABC 管理，妥善应对突发事件

在职场中，突发事件时常发生，它们如同暗礁般考验着我们的情绪管理能力。如何有效地应对这些突发事件，避免负面情绪影响我们的判断和决策，是每一个职场人士必须面对的挑战。本节将介绍一种基于情绪 ABC 理论的情绪管理方法，帮助我们在面对突发事件时保持冷静和理性，做出更明智的决策。

情绪 ABC 理论

情绪 ABC 理论是由美国心理学家埃利斯提出的，认为诱发性事件（Activating Event）只是引发情绪和行为后果（Consequence）的间接原因，而直接原因是个体对突发事件的认知和评价所产生的信念

（Belief）。简言之，我们的情绪和行为结果并非直接由事件本身引发，而是由我们对事件的信念所决定。

因此，在面对突发事件时，我们可以运用情绪ABC管理方法来调整自己的心态和情绪：

- 识别事件：明确突发事件本身，即导致我们情绪波动的具体事件。它可能是突然的项目延期、重要的客户投诉，或者是意外的团队冲突。

- 审视信念：我们需要审视自己对事件产生的信念。这些信念可能是不合理的，这些不合理的信念往往会导致我们产生消极情绪和行为。

- 调整信念：通过理性分析和自我反思，我们需要调整自己的不合理信念，将其转变为更加合理和积极的信念。

- 改善结果：随着信念的调整，我们的情绪和行为结果也会得到改善。我们会变得更加冷静和理性，能够更有效地应对突发事件、更好地做出决策。

场景应用

你突然收到一个重要客户的投诉邮件，他指责公司的产品存在严重的质量问题。面对这一突发事件，你可以运用情绪 ABC 管理方法来应对：

- 识别事件：收到客户投诉邮件，指出产品存在质量问题，由此识别出是"收到客户投诉邮件"这件事情导致了自己的情绪波动。

- 审视信念：接下来，诚实地面对自己内心的反应。你可能会感受到焦虑和压力，担心这次投诉会损害公司的声誉，甚至引发连锁反应，导致客户流失。这些担忧是正常的，但重要的是不要让它们主导你的行动。

- 调整信念：现在，是时候转换视角，用更理性的态度来看待这个问题了。你认识到客户投诉实际上是一个宝贵的反馈机会，它能帮助你及时发现并解决问题，从而提升产品质量和客户满意度。同时，你坚信自己和团队有能力妥善处理这次投诉，通过积极的沟通和提出有效的解决方案，重新赢得客户的信任。

- 改善结果：在调整了心态之后，你的焦虑和压力应该会在一定程度上得到缓解。接下来，你主动与客户取得联系，进行深入而细致的沟通，确保全面了解问题。基于这些信息，你制订了一个针对性强、切实可行的解决方案，并迅速付诸实施。通过不懈的努力和真诚的沟通，你最终成功地解决了投诉，不仅赢得了客户的满意和信任，也为公司赢得了宝贵的口碑。

认知重构

情绪 ABC 管理的核心机制是利用情绪 ABC 理论（见图 5-2）进行认知重构。认知重构指的是通过改变个体对事件的认知和评价（即信念），来调整情绪和行为结果。认知重构的过程涉及识别不合理信念、挑战这些信念的有效性，并建立更

加合理和积极的信念。通过认知重构，个体能够
更好地应对突发事件，减少负面情绪的影响。

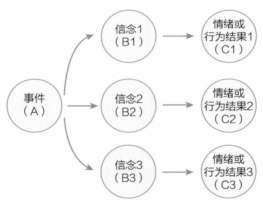

图 5-2　情绪 ABC 理论

三个策略，在谈判中占据上风

在复杂多变的商业环境中，谈判是一项至关重要的技能。它不仅仅关乎利益的分配，更是智慧和策略的对决。掌握有效的谈判策略，能够帮助我们在谈判桌上占据上风，实现利益最大化。本节将介绍三个策略，可以帮助我们在谈判中脱颖而出。

策略一：锚定开局，设定谈判框架

话术示例

"考虑到市场行情和我们产品的独特优势，我们的报价是 A 元。当然，我们愿意与您深入探讨，找到一个双方都能接受的方案。"

锚定效应

受锚定效应影响，人们在做决策时，会受到初始信息（即"锚"）的影响，后续的判断和决策往往会不自觉地偏向这个"锚"。在谈判中，通过设定一个合理的初始报价或条件，我们可以为整个谈判设定一个参考点，从而影响对方的期望和决策。这种策略有助于我们在谈判开场时赢得先机，为后续谈判奠定有利基础。

策略二：框架重塑，引导谈判走向

话术示例

"我们其实是在探讨如何更有效地整合资源，以实现双方的长期合作与共赢，而不仅仅是就某个价格或条件进行争论。从这个角度来看，您觉得我们的方案还有哪些可以改进的地方？"

框架效应

框架效应描述的是人们对于同一个问题，由于描述方式不同，会产生不同的决策。在谈判中，通过改变问题的描述方式或重塑谈判框架，我们可以引导对方的思维和关注点，从而影响谈判的走向和结果。例如，将谈判描述为"合作与共赢"，而非"利益的争夺"，能够激发对方的合作意愿，减少对抗心理，使谈判更加顺利。

策略三：最后通牒，加速决策进程

话术示例

"考虑到项目的紧迫性和双方的合作意愿，我建议我们在接下来的两小时内就关键问题达成共识。如果您有任何疑问或建议，请尽快提出，我们一起讨论解决方案。"

最后通牒效应

受"最后通牒效应"影响，在谈判或决策过程中，当面临时间压力或最后期限时，人们往往会做出更加果断的决策。在谈判中，我们可以巧妙利用最后通牒效应，设定一个合理的最后期限，激发对方的紧迫感，促使其更快地做出决策。这种策略有助于加速谈判进程，避免不必要的拖延和陷入僵局，使双方能够更快地达成共识。当然，在设定最后期限时，需要确保这个期限是合理的，并且给对方足够的时间来思考和回应。

四个关注，让我们自信有气场

在人际交往中，展现自信的气场对于个人形象至关重要。它不仅能让我们在人群中脱颖而出，还能增强我们的影响力和说服力。本节将介绍四个关注点，帮助我们在各种场合下展现出自信的气场。

关注眼神：目光如炬，传递自信

眼神是心灵的窗户，能够直接反映出一个人的自信和内在力量。在与人交流及当众发言时，保持稳定的眼神接触是展现自信的关键。

- 扫视：在与多人交流或当众发言时，可以尝试从左到右或从右到左扫视听众，让每个人都感受到我们的关注。这种扫视不仅能让听众感受到我们的尊重，还能帮助我们更好地掌控现场气氛。

- 聚焦：在扫视过程中，我们可以将眼神聚焦在看起来和蔼可亲的人身上，这样能够帮助我们放松心情，减轻紧张感；避免将眼神聚焦在表情严肃或看起来冷漠的人身上，以免增加不必要的压力。

- 虚化：如果感到非常紧张，以至于无法直视听众，可以尝试将眼神稍微虚化。这并不意味着要回避听众的目光，而是将注意力集中在自己的内心感受上，保持自信的态度。

关注语速：语速适中，沉稳有力

语速的快慢能够反映出一个人的性格和心态。在发言或讨论时，保持适中的语速能够让我们更加从容不迫地表达观点。

- 语速适中：过快的语速可能会让听众感受到

紧张或急躁，而过慢的语速则可能显得拖沓或缺乏自信。因此，找到适合自己的语速至关重要。通过练习和不断调整，可以逐渐找到最适合自己的语速。

- 注意语音语调：除了语速外，语音语调也是传递自信的重要因素。在发言时，抑扬顿挫的语音语调能够让我们的话语更加生动有力。通过强调关键词和使用停顿，我们可以更好地吸引听众的注意力并传达自己的观点。

关注肢体动作：自然大方，辅助表达

肢体动作在人际交往中起着重要的作用，能够增强表达力和吸引听众的注意力（见图 5-3）。

- 腰部以下：手位于腰部以下时，通常表示谦虚、平和或放松。这种肢体动作能够传递出一种亲切和随和的感觉，有助于拉近我们与听众的距离。例如，在道歉时，可以把手放在腰部以下，轻轻鞠躬。

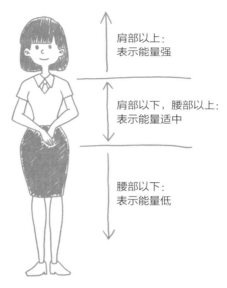

肩部以上：
表示能量强

肩部以下，腰部以上：
表示能量适中

腰部以下：
表示能量低

图 5-3　肢体动作

- 肩部以下，腰部以上：手位于肩部到腰部之间，常出现在描述或强调某个观点时，以增强表达的力度。这种肢体动作能够突出关键信息，吸引听众的注意力。例如，在介绍产品特点或阐述某个观点时，可以用手示意听众看向相关的图表或模型。

- 肩部以上：手举到肩部以上时，能够传递出自信、坚定和积极的能量。这种肢体动作通常用于表达重要观点或强调某个决定。例如，在发表演讲或做重要报告时，可以举起手臂来增强说服力。

肢体动作的运用还需要注意自然流畅和与语言的协调配合。避免过于僵硬或刻意，让肢体动作成为我们表达思想和情感的得力助手。

关注站姿：挺拔自信，展现风采

站姿是展现个人气质和自信的重要方面。挺拔自信的站姿能够让我们看起来更加有力量、有魅力。

- 高能量姿势：采用高能量姿势是一种通过调整身体姿态来提升自信和心理状态的方法。这种姿势能够刺激"优势激素"睾酮的分泌，降低"压力激素"皮质醇，从而让人更加自信。

在高能量姿势中，神奇女侠姿势（站立时双脚分开，与肩同宽，双手放在腰间，抬头挺胸，目光坚定）或者胜利姿势（类似于赛场上运动员赢得比赛后所做的动作，如双臂高高举起、挺胸抬头、敞开怀抱），都很值得尝试。这些姿势的共同特点是能够让人感受到力量和自信，有助于在面对挑战时保持冷静和自信。

比如，即将进行一场重要的公开演讲。在演讲前，感到心跳加速，手心出汗。为了平复紧张情绪，可以找一个没有人的地方尝试神奇女侠姿势或者胜利姿势。如此练习两分钟，高能量姿势会让我们感受到内心的力量，自信心也随之提升。登上演讲台时，便可以以更加自信的姿态开始演讲。

- 自然站姿：在不需要特别强调自信或力量感的场合，可以保持自然舒适的站姿。这种站姿能够展现出我们的亲和力，营造轻松的氛围。

总之，通过关注眼神、语速、肢体动作和站姿等方面，我们能够全方位地展现出自信的气场。在不同的场合下灵活运用这些技巧，我们将能够更加从容自如地面对各种挑战和机遇。

五个步骤，打造自己的人脉圈

在竞争激烈的职场环境中，人脉圈的重要性不言而喻。一个强大的人脉圈不仅能够为我们提供更多的机会和资源，还能在我们遇到困难时给予宝贵的支持和帮助。本节介绍的五个步骤，可以帮助我们打造自己的人脉圈。

步骤一：提升自我价值

建立人脉圈的首要前提是提升自我价值。只有当自己变得有价值时，别人才会愿意与我们建立联系。因此，不断提升自己的专业能力、扩大知识面、增强个人魅力，是打造人脉圈的第一步。我们可以通过不断的学习、实践、反思，提高自己的综合素质，让自己成为值得他人结交的对象。

步骤二：强化个人标签

在社交场合中，一个鲜明的个人标签能够让你脱颖而出，吸引他人的关注。我们可以根据自己的兴趣、特长、经历等方面，打造个人标签。例如，我们可以是某个领域的专家、富有创意的艺术家，或者是热心公益的志愿者。通过强化个人标签，能够让他人更加容易记住我们，并愿意与我们建立联系。

步骤三：培养利他思维

在建立人脉圈的过程中，利他思维是关键。正如螃蟹效应所揭示的，过度的利己行为往往会阻碍他人与自己的发展。真正的高手懂得先"给予"，通过主动提供价值、分享资源、给予帮助，赢得他人的信任和尊重。这种利他思维不仅能够帮助他人解决问题，还能促进个人成长和人际关系的和谐发展。因此，在拓展人脉时，要摒弃自私自利的想法，学会主动给予，用利他思维赢得他人的信任。

步骤四：成为人脉桥梁

互惠原理是建立人脉圈的重要法则。在社交互动中，我们可以将自己视为连接不同人脉的桥梁。通过主动发现和匹配不同人脉之间的需求和资源，我们可以促进他们之间的交流和合作，从而加深自己与这些人脉的关系。

例如，当了解到某个朋友需要某项服务或资源时，我们可以主动介绍能够提供相关帮助的朋友给他。这样不仅能够帮助他解决问题，还能够加深自己与他们之间的友谊和信任。通过这种方式，我们可以不断拓展自己的人脉圈，建立起广泛而稳固的人际关系网络。

步骤五：建立战斗情谊

共同经历挑战和困难是建立深厚人脉关系的重要途径。比如，同学们一起度过大学时光，往往能够建立起非功利性的友谊，这种友谊能够在未来的人生道路上提供宝贵的支持和帮助。同样地，在部队中，战士们共同经历的艰苦训练和战斗任务，也能够培养出深厚的战友之情，这种情谊往往能够跨越时间和空间的限制，持续为彼此提供支持和帮助。

因此，在拓展人脉时，我们可以积极寻找机会与他人共同经历挑战和困难，建立战斗情谊，从而构建坚实的人脉基础。比如，我们也可以参加一些具有挑战性的活动或项目（如戈壁徒步），通过共同面对困难和挑战来加深彼此之间的信任和友谊，从而获得长久、稳固的人脉关系。

总之，打造人脉圈是一个长期而持续的过程，需要我们不断地努力、学习和实践。只有当我们不断提升自我价值、强化个人标签、培养利他思维、成为人脉桥梁并建立起战斗情谊时，才能真正拥有一个强大而稳固的人脉圈，让人脉为我们未来的职业发展和人生道路提供有力的支持和帮助。

螃蟹效应与共生效应

"螃蟹效应"用一个生动有趣的比喻，描述了一种特殊的团队或组织动态（见图 5-4）。它来源于一个观察：当用敞口藤篮或竹篓来装螃蟹时，如果只有一只螃蟹，它很容易就能爬出来；如果有多只螃蟹，它们往往会因为相互扯后腿而无法成功逃出。

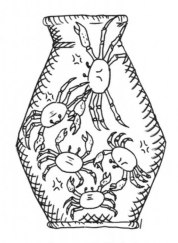

图 5-4 螃蟹效应

在团队或组织中，具体来说，螃蟹效应表现为团队成员在追求个人目标时，不惜牺牲团队的长远发展，造成团队内耗、失去前进动力。这种现象不仅限于职场，也可能出现在家庭、学校等社会群体中。

要克服螃蟹效应，关键在于培养团队信任、合作精神和共同目标感，并建立公正、透明的激励机制，确保成员能够公平竞争、共同发展。

共生是多种生物之间按照某种模式相互依存、相互作用，生活在一起而形成的共同生存、协同进化的种间关系。在自然界，一株植物单独生长时，往往长势不旺，没有生机，甚至枯萎衰败；众多植物一起生长时，却能郁郁葱葱，挺拔茂盛，人们把这种植物间相互影响、相互促进的现象称为"共生效应"（见图5-5）。

在社交和人脉圈的构建中，同样存在共生效应。它强调的是个体与个体之间通过合作、共享资源、互相支持，从而实现共同成长和繁荣。因

此，在打造人脉圈的过程中，我们可以积极寻求
与他人建立共生关系，通过互相提供价值、分享
资源、给予帮助，促进彼此的成长和发展。这样
不仅能够增强人脉圈的稳定性和凝聚力，还能够
为个人的职业发展和人生道路提供更有力的支持
和帮助。

图 5-5　共生效应

七个高阶沟通技巧，增强软实力

在人际交往的复杂网络中，沟通能力往往决定着我们与他人互动的质量和效果。而真正高效的沟通，并非仅仅依赖于言语的流畅，更在于对人心深处微妙动态的洞察与把握。这是因为，我们掌握了心理学的基本原理，便能更好地理解他人的需求、动机和情感，从而在沟通中更加游刃有余。以下七个高阶沟通技巧，正是基于心理学原理的提炼与总结，它们将助我们在人际交往中展现出更强的软实力，赢得更多的信任与支持。

技巧一：明确问题，精准沟通

吉德林法则强调，把难题清清楚楚地写出来，便已经解决了一半。在沟通中，我们要明确界定问题，用精准的语言表达观点，确保信息准确传递。

比如，在团队会议中，当讨论到项目进度延期的问题时，项目经理明确指出延期的具体原因、影响范围以及期望的解决方案。这种明确、精准的沟通方式有助于团队成员快速理解问题并共同寻找解决方案。

技巧二：引导对方深入思考与表达

开放式提问法强调通过提出开放式问题来引导对方深入思考和表达。这种方式能够激发对方的参与意愿，促进深入沟通。

比如，在与客户交流时，销售人员不直接推销产品，而是问客户："您希望我们的产品能够帮助您解决哪些问题？"这种开放式问题能够引导客户深入思考自己的需求，从而让销售人员更容易找到符合客户期望的解决方案。

技巧三：多听少说，深入理解

费斯诺定理指出，人有两只耳朵，却只有一张嘴巴，这意味着人应该多听少说。在沟通中，倾听比表达更为重要，它有助于我们深入理解对方的观点和需求。

比如，在面试过程中，面试官不要急于提问，而是先让应聘者充分介绍自己的经验和技能。通过倾听应聘者的回答，面试官能够更深入地了解应聘者的能力和潜力，从而做出更准确的评估。

技巧四：批评要具体，避免泛化

波特定律认为，在给出批评或反馈时，要确保具体、有针对性，避免泛化、笼统。这种方式有助于对方更准确地理解问题所在，从而有针对性地改进。

比如，在团队评审会上，领导对某个团队成员的工作成果提出批评："报告中的数据分析部分存在逻辑不清晰的问题，建议你重新梳理数据并明确结论。"这种具体的批评方式有助于团队成员明确改进方向，提高工作质量。

技巧五：以他人期望的方式对待他人

白金法则强调在人际交往中要了解并尊重他人的需求和期望，然后以他人期望的方式对待他们。这种方式有助于建立更好的信任关系，促进沟通的深入发展。

比如，销售人员了解到客户更习惯于直观、简洁的沟通方式。因此，在介绍产品时，销售人员用图表和简短的文字说明来代替冗长的演讲，更有可能赢得客户的信任和好感。

技巧六：先抑后扬，建立好感

阿伦森效应指的是人们喜欢那些对自己的喜欢、奖励、赞扬不断增加的人或物，而反感那些对自己的赞赏态度或行为不断减少的人或物。在沟通中，我们可以利用这一效应，通过先给予对方一些小的肯定或奖励，然后逐渐增大肯定或奖励的力度，从而让对方对我们产生更好的印象、形成信任。

比如，在团队合作中，我们可以先对团队成员的初步工作进行简单的肯定，随着工作的深入和成果的显现，再给予他更大的赞扬和奖励。这样逐步增加的正向反馈会让团队成员感到自己的努力得到了认可，从而更加积极地投入工作。

技巧七：正向反馈，缓解冲突

三明治法则是一种有效的沟通技巧，它强调在给出负面反馈时，要将其夹在正向反馈之间。这种方式可以让对方更容易接受负面反馈，同时保持积极的心态和改进的动力。

比如，在团队内部沟通中，当领导需要对某个团队成员的工作提出批评时，可以先肯定该成员在其他方面的优秀表现，然后指出需要改进的地方，最后再给予鼓励和支持。这种方式既指出了问题所在，又维护了团队成员的积极性和自尊心。

总而言之，沟通是一门艺术，更是心理学、管理学等领域的专业知识在人际交往中的巧妙应用。通过这七个高阶沟通技巧，我们可以学会如何在复杂的社交环境中精准定位、引导对话，并在互动中建立深厚的信任关系。这不仅是沟通能力的提升，更是个人软实力的全面增强。在未来的职场和生活中，让我们持续运用这些沟通技巧，让沟通成为连接心灵的纽带，引领我们走向更加宽广的人生舞台。